読むことを教える

国際交流基金 日本語教授法シリーズ

【全14巻】

 第 1 巻「日本語教師の役割／コースデザイン」

 第 2 巻「音声を教える」[CD-ROM付]

 第 3 巻「文字・語彙を教える」

 第 4 巻「文法を教える」

 第 5 巻「聞くことを教える」[CD付]

 第 6 巻「話すことを教える」

 第 7 巻「読むことを教える」

 第 8 巻「書くことを教える」

 第 9 巻「初級を教える」

 第10巻「中・上級を教える」

 第11巻「日本事情・日本文化を教える」

 第12巻「学習を評価する」

 第13巻「教え方を改善する」

 第14巻「教材開発」

■はじめに

　国際交流基金日本語国際センター（以下「センター」）では1989年の開設以来、海外の日本語教師のためにさまざまな研修を行ってきました。1992年には、その研修用教材として『外国人教師のための日本語教授法』を作成し、主に「海外日本語教師長期研修」の教授法の授業で使用してきました。しかし、時代の流れとととともに、各国の日本語教育の状況が変化し、一方、日本語教授法に関する研究も発展したため、センターの研修の形や内容もさまざまに変化してきました。

　そこで、現在センターの研修で行われている教授法授業の内容を新たにまとめ直し、今後の研修に役立て、また広く国内外の日本語教育関係のみなさまにも利用していただけるように、この教授法シリーズを出版することにしました。この教材の主な対象は、海外で日本語教育を行っている日本語を母語としない日本語教師ですが、広くそのほかの日本語教育関係者や、改めて日本語教授法を独りで学習する方々にも役立てていただけるものと考えます。また、現在教師をしている方々を対象としていますが、日本語教育経験の浅い先生からベテランの先生まで、できるだけ多くのみなさまに利用していただけるよう工夫しました。なお、漢字表記に関しては、原則として2級以上のものにルビをつけました。内容によって省いたり、3、4級の漢字にルビをつけているものもあります。

■この教授法シリーズの目的

　このシリーズでは、日本語を教えるための必要な基礎的知識を紹介するだけでなく、実際の教室で、その知識がどう生かせるのかを考えてもらうことを目的としています。

　国際交流基金日本語国際センターでは、教師の基本的な姿勢として、特に次の能力を育てることを目的として研修を行ってきました。その方針はこのシリーズの中でも基本的な考え方となっています。

1) 自分で考える力を養う

　理論や知識を受身的に身につけるのではなく、自分で考え、理解して吸収する力を身につけることを目的とします。

２）客観性、柔軟性を養う

自分のこれまでの方法、考え方にとらわれず、ほかの教師の意見や方法を知り、客観的に理解し、時には柔軟に受け入れることのできる教師を育てることをめざします。

３）現実を見つめる視点を養う

つねに現状や与えられた環境、自分の特性や能力を客観的に正確に把握し、自分の現場に合った適切な方法を見つける姿勢を育てることをめざします。

４）将来的にも自ら成長できる姿勢を養う

研修終了後もつねに自分自身で課題を見つけ、成長しつづける自己研修型の教師を育てることをめざします。

■この教授法シリーズの構成

このシリーズは、テーマごとに独立した巻になっています。どの巻からでも学習を始めることができます。各巻のテーマと概要は以下の通りです。

第 1 巻　日本語教師の役割／コースデザイン 〕 日本語を教えるうえでの全体的な
問題をとりあげます。

第 2 巻　音声を教える
第 3 巻　文字・語彙を教える
第 4 巻　文法を教える
第 5 巻　聞くことを教える 〕 各項目に関する基礎的な知識の整理をし、
具体的な教え方について考えます。
第 6 巻　話すことを教える
第 7 巻　読むことを教える
第 8 巻　書くことを教える

第 9 巻　初級を教える 〕 各レベルの教え方について、総合的に考えます。
第 10 巻　中・上級を教える

第 11 巻　日本事情・日本文化を教える
第 12 巻　学習を評価する
第 13 巻　教え方を改善する
第 14 巻　教材開発

■この巻の目的

この巻は、読解用教材や読解に使える教科書の本文を、教科書に書いてある通りに教えるのではなく、みなさんの学習者が読解力を身につけるために何が必要かを考え、学習者に合わせて授業を工夫できるようになってほしいと考えて作成しました。

この巻の学習目標は以下の三点です。

① 「読む力」（読解力）をどのように伸ばすことができるのかを考えます。

② 読解のための活動や練習がそれぞれどのような目的で行われているか、分析します。

③ 読解の授業をするとき、どのような順番で、どのような活動や練習をすればよいのか、具体的な授業計画を立てたり、練習問題やタスクシートなどの教材作成が考えられるようにします。

■この巻の構成

1．構成

本書の構成は以下のようになっています。

1．「読むこと」とは？ → 「読み」のメカニズム

＊「読み」のメカニズムをわかりやすく解説しています。

2．読み方を育てる 「読み」の活動 → 「読む力」をつけるための活動

＊市販の読解教材の具体的な活動やタスクを分析し、それぞれの目的を考えます。また、目的に合った活動やタスクを作ってみます。

3．「読む」授業の計画①
4．「読む」授業の計画② → 「読み」を中心とした授業の方法

＊「読み」を中心とした授業を段階を追って行う授業計画の立て方を考えます。

5．ほかの技能と合わせた 「読み」の活動 → ほかの技能も組み込んだ活動の紹介

＊ほかの巻への橋渡しになるような活動を紹介します。

2. 各課題（【質問】）

この巻の中の各課題（【質問】）は、次のような内容にわかれています。

 ふり返りましょう

自分自身の教え方をふり返る

○○について自分はいつもどうしているか、それはなぜかを考えます。

自分自身の教え方について、問題点、自信のある点などを整理し客観的に考えることが目的です。

ほかの人の教え方や新しい方法を知る

◎グループやクラスで学習している場合：

ほかのメンバーや教師とのディスカッションを通して、ほかの人の考え方や解決方法を知り理解します。協働学習をお勧めします。

◎独りで学習している場合：

まず自分で考えてから、解答例を参考にもう一度考えてみてください。できれば、積極的に同僚やまわりの人の意見も聞くようにするとよいでしょう。

 やってみましょう

学習者にもどって体験する

新しい学習方法を体験したり、今までやってきた学習方法を、その意味を考えながら、もう一度やってみたりします。

 考えましょう

活動や実践の意味を考える

「ふり返りましょう」で出たことや、「やってみましょう」で挑戦したことの意味などを、理論的な背景と照らし合わせながら考えます。

 整理しましょう

さまざまな方法を論理的に整理し、理解する

それまでに取り組んだいろいろな課題の意味をもう一度整理します。そして、今後の授業で、ここで学んだことを、形だけではなく、その活動目的や意味を十分理解して取り込んでいけるようにします。

目　　次
もく　　　じ

「読むこと」とは？

1-1. 日常生活の「読み」をふり返る
にちじょうせいかつ

 ふり返りましょう

　「読むこと」をどのように教えるかを考える前に、まず、私たちが日常生活の中
にちじょうせいかつ
で「読み」をどのように行っているのか、ふり返ってみましょう。
おこな

【質問 1】

私たちは、母語で、毎日いろいろな目的を持って、いろいろなところで、いろい
もくてき
ろなものを読んでいます。みなさんは、「どんなもの」を「どのように」読んで
いるでしょうか。（例）を参考にしながら、考えてみましょう。
れい　　　さんこう

どんなもの	どのように
（例）新聞 れい	タイトルや見出しから内容を予測して、記事を選んで読む。 ないよう　よそく　き じ えら

【質問2】

【質問1】で答えた「どのように」の部分に注目してみましょう。

下の表は、「どのように」の部分を整理した例です。みなさんが出した読み方で、下の表にない読み方があったら、それも加えてください。

また、みなさんは、日常生活の中で、このような読み方をどれくらいしていますか。それぞれの読み方について、下の①〜④から、あなたに一番合うものを一つ選んでください。

① いつもしている ② ときどきしている ③ あまりしない ④ ぜんぜんしない

(1)	大切なことばや文を探しながら、速く読む	①	②	③	④
(2)	文法や文型の使い方や意味を確認しながら読む	①	②	③	④
(3)	タイトルや見出しから内容を予測してから読む	①	②	③	④
(4)	図や表、写真などから内容を想像して読む	①	②	③	④
(5)	接続詞や指示詞に注目して、文と文の関係を確認しながら読む	①	②	③	④
(6)	新しいことばやむずかしいことばの意味を調べながら読む	①	②	③	④
(7)	自分が知りたい情報を速く探しながら読む	①	②	③	④
(8)		①	②	③	④
(9)		①	②	③	④
(10)		①	②	③	④
(11)		①	②	③	④

【質問 3】

【質問 2】の答えをまわりの人と比べて、同じところ、違うところを話し合ってみましょう。

1-2. 「読み」の過程 － 3つのモデル －

 整理しましょう

1-1. でふり返った日常生活の読み方を整理してみましょう。

【質問 4】

まわりの人と話し合って、【質問 2】の 7 つの項目や、みなさんが加えた項目を、読み方の違いによって、2 つの大きいグループにわけてみましょう。どんなグループわけができるでしょうか。それぞれのグループの項目には、どんな共通点がありますか。

グループ A

グループ B

 ヒント

次のように考えてみましょう。

＊ 項目 (2)、(5)、(6) の例のような読み方にはどんな特徴が見られるでしょうか。

＊ 項目 (1)、(3)、(4)、(7) の例のような読み方にはどんな特徴が見られるでしょうか。

左の【質問４】で答えたわけ方をもう一度見ながら、「読み」の過程（かてい）について、考えてみましょう。

　読みの過程（かてい）には、**(1) ボトムアップモデル**、**(2) トップダウンモデル**、**(3) 相互交流モデル**（そうご・こうりゅう）という３つのモデルがあります。それぞれ、どのような過程なのでしょうか。まとめてみましょう。

【質問５】

【質問２】の (2)、(5)、(6) のような「読み」の過程（かてい）を下の図にまとめました。（　　　）に適当（てきとう）なことばを入れて完成（かんせい）してください。

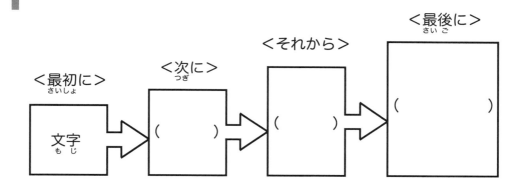

<最初（さいしょ）に>　<次（つぎ）に>　<それから>　<最後（さいご）に>

文字（もじ）　→　（　　　）　→　（　　　）　→　（　　　）

ボトムアップモデル

上の図のように、小さな単位（たんい）から少しずつ大きな単位へと解読（かいどく）を進めていく「読み」の過程（かてい）を、「下から上へ読み進めていく」という意味でボトムアップモデルと言います。

【質問6】

【質問2】の (1)、(3)、(4)、(7) のような読みの過程（かてい）を下のような図にまとめました。
（　　）に、⬚⬚⬚の中のことばを入れて完成（かんせい）してください。

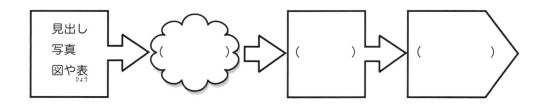

| 見出し 写真 図や表（ひょう） | → | （　　　　） | → | （　　　　） | → | （　　　　） |

予測や推測・予測や推測の修正・予測や推測の検証
（よそく　すいそく）　　　　　　（しゅうせい）　　　　　（けんしょう）

トップダウンモデル

上の図は、まず最初（さいしょ）に読む「目的」（もくてき）や「予測」（よそく）があって、文章（ぶんしょう）を読みながら、目的に合うものを探（さが）したり、予測が正しいかどうかを確認（かくにん）しながら読み進（すす）めていくモデルです。このように、読み手の頭（あたま）の中にある予測、推測（すいそく）という抽象的（ちゅうしょうてき）なもの（トップ）からテキストの文字（もじ）に下りていく（ダウン）読み方を、トップダウンモデルと言います。

【質問7】

もう一度、【質問2】の自分の答えを見直（みなお）してください。あなたは、日常生活（にちじょうせいかつ）の中で、ボトムアップモデルの読み方とトップダウンモデルの読み方をどのくらい、どのように使っていますか。日本語の勉強のときはどうですか。

　私たちは、読む目的（もくてき）によって、読み方を変（か）えています。そして、必要（ひつよう）に応（おう）じて、ボトムアップモデルの読み方とトップダウンモデルの読み方を組み合わせて読んでいます。

相互交流モデル
そう ご こうりゅう

　2つのモデルを相互に交流させることによって、「読み」の過程
かてい
が作られるという考え方を相互交流モデルといいます。相互交
流モデルでは、「読解」は、テキストから得られる情報と読み手
どっかい　　　　　　　　　　　　　　　　　　じょうほう
の予測や推測を中心とするテキストへの働きかけの「相互作用
よそく　すいそく　　　　　　　　　　　　　　　　　　　　　　　　はたら
（interaction）」であると考えています。

1-3.「読み」のスキーマ

 やってみましょう

　「読み」の過程について、もう一つ、重要な点を考えてみましょう。1-2. で説明
かてい　　　　　　　　　　　　　　じゅうよう　てん　　　　　　　　　　　　　　　　せつめい
したように、特に「トップダウンモデル」や「相互交流モデル」では、読む人がテ
とく　　　　　　　　　　　　　　　　　そう ご こうりゅう
キストの内容を「予測」したり「推測」したりすることが非常に重要な働きをして
ないよう　　よそく　　　　すいそく　　　　　　　　　　　ひじょう　じゅうよう　はたら
います。では、私たちはどのようにこの「予測」や「推測」を行っているのでしょ
おこな
うか。

【質問8】

次の文章を読んで、それぞれの質問に答えながら、推測できることをできるだけ
つぎ　ぶんしょう　　　　　　　　　　　　　　　　　　　　　　すいそく
多くあげてください。そして、結果を、クラスで話し合ってみましょう。同じこ
けっか
とはありましたか。違う意見はありましたか。
ちが

A

会社へ行って、はたらいて、うちへ帰ったら、一日が終わります。
かいしゃ　い　　　　　　　　　　　　　　かえ　　　　　いちにち　お
私は、（　　　　　　）がほしいです。

『みんなの日本語初級Ⅰ』第25課（スリーエーネットワーク）を利用
しょきゅう　　だい　か　　　　　　　　　　　　　　　　　　　りよう

(1) この人はどんな人でしょうか。

(2) この人は何がほしいのでしょうか。

(3) この人が、あなたの友だちだったら、あなたはどんなアドバイスをしますか。
とも

ある家にどろぼうが入って、お金を探していると、その家の主人が目を
覚ましました。主人はベッドを出て、どろぼうの所へ行きました。

秋元美晴ほか『どんどん読めるいろいろな話』「やさしいどろぼう」（武蔵野書院）を利用

(1) 「どろぼう」はどんな人でしょうか。

(2) 「主人」はどんな人でしょうか。

(3) この家はどんな家でしょうか。いくつ部屋があるでしょうか。

(4) 家にはどのくらいお金があるでしょうか。

(5) 主人とどろぼうは、このあとどうするでしょうか。

 考えましょう

自分の頭の中に整理され構造化されている知識や情報を「スキーマ」と言います。

【質問9】

【質問8】で出した意見は、みなさんの頭の中に、どんな知識や情報がどのよう
に入っていたから出てきた意見でしょうか。意見を出すまでに、自分でどのよう
に考えたか、もう一度思い出してみましょう。

 ヒント

次のような点に注意して頭の中で考えたことを書いてみましょう。

＊「（日本の）会社」「どろぼう」「家の中のお金」…などのことばに関して知っ
ていること、イメージしたことはどのようなことですか。

＊この文章は、それぞれどんな人が何のために書いた文章だと思いましたか。

私たちは、毎日の生活の中で、まわりの人や物との交流を通して、さまざまな知識や情報、経験を自分自身のスキーマとして育てています。一人のスキーマはほかの人とまったく同じではありません。私たちが新しいことを理解しようとするとき、それは私たちが持っているスキーマに照らし合わされ、関連づけられながら解釈されます。新しく入ってきた情報に、私たちが持っていたスキーマと違う要素が入っていれば、スキーマは新しく再構成され、新しいスキーマに作り直されることもあります。

1-4. 「読み」で使うストラテジー

　ここまで見てきたように、私たちは、日常生活の中で母語の文章を読むとき、スキーマを使って、トップダウンモデルの読み方を多くしたり、ボトムアップモデルの読み方を多くしたり、両方の読み方を使ったりしています。そして、その中で自然に、いろいろな方策を使っています。この方策を、ストラテジーと言います。
　読むときに使える主なストラテジーを整理しておきましょう。

 整理しましょう

【質問 10】
　□□□□□の中に、「読み」で使われる方策（ストラテジー）の例をあげました。
(1)～(7)を、【質問4】の読み方の分類を参考にしながら、① トップダウンモデルの読み方するときに使うストラテジーと ② ボトムアップモデルの読み方をするときに使うストラテジーにわけてください。

---

(1) 新しいことばを確認する。

(2) 必要な情報だけを速く探す。

(3) ざっと読んで全体の大意をつかむ。

(4) 予測しながら読み進む。

(5) 接続詞や指示語に注目して、文と文の関係をていねいに考えながら読む。

(6) 大切なことばや文を見つけて、ほかのところは読み飛ばす。

(7) 細かい内容を、表や図に整理していく。

---

①	②
トップダウンモデルの読み方で使う ストラテジー	ボトムアップモデルの読み方で使う ストラテジー

　日本語の文章を読むときも、このような、母語で読むときに自然に使っているいろいろな方策を意識的に使うと、読む力を伸ばすことができます。学習者が日本語の授業で文章を読むときにも、このストラテジーが使えるように練習させることが必要です。

　ここまで見てきたように、最近では、「読むこと」は、**「文章の中に書かれた情報を受け取るだけの受動的な行為」** ではなく、**「読み手が自分のスキーマから適切なものを呼び出して、文章の内容を積極的に予測したり、評価したりしながら理解する能動的な行為」** であるということが、強く意識されるようになりました。つまり、「読み」もコミュニケーションの過程の1つだという考え方です。
　そして、読解を教えるときにも、**「自分のスキーマを有効に使って、それと照らし合わせながら、文章の内容を再構築する」** ような、積極的で能動的な読み方ができるように指導することが必要だと考えられるようになりました。

　次の章から、このような「読み」の教え方について見ていきましょう。

—— MEMO ——

読み方を育てる「読み」の活動
そだ　　　　　　　　かつどう

2-1. トップダウンの読み

　　トップダウンの読みは、今まで、日本語の授業では、あまり扱わなかった人も多い
でしょう。スキーマやトップダウンモデルの読みで使うストラテジーを使ったり養っ
たりしながら、トップダウンモデルの読み方に慣れる活動を見ていきましょう。

(1) 予測の力を養う活動
よそく　　やしな　かつどう

 やってみましょう

《例題１》
れいだい
次のどちらかの文章を読んで、話の続きを考えてください。
つぎ　　　　　　ぶんしょう　　　　　つづ
考えたことをまわりの人と話し合ってから、後半の文章（《解答・解説編》にある）
かいとう　かいせつへん
を読みましょう。みなさんの予測は合っていましたか。
よそく

A

　　むかし、病気の母親と親孝行のむすこがいました。
びょうき　ははおや　おやこうこう
ある日、むすこが山ではたらいていた時、やぶの中から、おにばばが出
ひ　　　　　　　　　　やま　　　　　　　　　　とき　　　　　なか　　　　　　　　　　　で
てきました。
　　そして、むすこのおべんとうを見ました。麦とだいこんだけのおべん
むぎ
とうでした。おにばばが言いました。
い
　　「病気の母親にも、こんなそまつな食事をさせているのか。」
びょうき　ははおや　　　　　　　　　　しょくじ
　　むすこが答えました。
こた
　　「おかあさんには、白いごはんを食べさせているよ。」
しろ　　　　た
　　おにばばは、
　　「あと10日したら、おまえの家に行くから、白いごはんをたいて待っ
とおか　　　　　　　いえ　い　　　　　しろ　　　　　　　　ま
ている。」
　　と言って、やぶの中にきえてしまいました。
い　　　　　　なか

10日後、むすこは白いごはんをたいて待っていました。すると、空からドスンときれいな箱がおちてきました。箱をあけてみると、

『一日一話・読み聞かせおはなし366　後巻』千葉幹夫「山の神がくれたおよめさん」（小学館）を利用

B

　佐藤さんは、東京の銀座で、小さな出版会社を経営しているが、なんでもきちょうめんである。仕事もきちんと片づけるし、食事も同じである。
　佐藤さんは、昼に、もう20年も同じ店で同じものを食べている。12時ちょうどに会社を出て、10分後にそのレストランに着き、同じ席にすわり、そして必ずチキン・スープとサラダとチキン・ソテーを食べ、コーヒーを飲んで、1時5分前に会社に戻る。いつも同じものを食べるので、20年前にはウェイターも2、3回注文をきいたが、今は何もきかない。佐藤さんが席にすわれば、何も言わなくても料理が出てくる。佐藤さんは、これをこの20年間判で押したように続けてきた。
　しかし、その日は、めずらしく、佐藤さんは、スープを持ってきたウェイターを呼び止めた。
　「きみ、ちょっと、このスープを飲んでみてくれないか」
　「あのう、どうかいたしましたか。もう20年も、うちのスープを召し上がっていらっしゃいます。今まで、一度でも、へんなスープをお出ししたことがございましたでしょうか」
　「まあ、とにかく、このスープを飲んでみなさい」

植松黎『ポケット・ジョーク9　トラベル』（角川書店）を利用

『日本語を楽しく読む本・中級』（凡人社）を利用

 考えましょう

【質問11】
最初に全部の文章をもらって読むときと、このように読むときと、みなさんの読み方はどう違いましたか。

【質問 12】

まわりの教材や文章から、このように、予測の力を養う読み方が練習できるものを探してみましょう。

 ヒント

どんなタイプの文章を読ませるとき、この活動が効果的でしょうか。日常生活では、どのような文章を読むとき、予測や推測をしながら読んでいますか。

(2) スキミングの技術を養う活動

スキミングとは、文章に速く目を通して、話の流れや大意をつかむ読み方です。授業の中の練習では、たとえば、ある短い時間に文章を読んで、どんな内容が書かれていたか、報告し合うような活動ができます。そのほかに、次のような練習をすることもできます。

 やってみましょう

《例題２》

次の文章を読んで、右の絵を時間の順番に並べましょう。

十一月二十五日（土）雨

　　今日はあさから雨がふっていた。午前中は友だちに手紙を書いて、一時間ぐらい音楽を聞いた。昼ごろメアリーの家へ行った。白くて、大きい家だった。メアリーのホストファミリーの山本さんに会った。お父さんはせが高くて、やせている人だった。家で晩ごはんを食べた。お母さんは「何もありませんが」と言っていたが、たくさんごちそうがあった。晩ごはんはとてもおいしかった。お母さんはとても料理が上手だと思う。晩ごはんの後、いろいろな話をした。そして、きれいなきものをもらった。お母さんは少し古いと言っていたが、とてもきれいだ。メアリーのホストファミリーはとてもしんせつで楽しかった。

(a)　　　　　　　　　　　　　　　(b)

(c)

(d)

(e)

(　　　　　)　→　(　　　　　)　→　(　　　　　)　→　(　　　　　)　→　(　　　　　)

坂野永理ほか『初級日本語げんき』読み書き編 第9課（The Japan Times）を利用

次の文章の中に、元の文章にはなかった3つの文が入っています。
つぎ ぶんしょう なか もと はい
その文はどれでしょう。できるだけ早く、探してください。
さが

さくぶん 「ぼくの なつ休み」　　　ルイス　シルバ

　ぼくは　かぞくと　とうきょうへ　いきました。

　　　　　（中略）
　　　　　ちゅうりゃく

　よる、たたみの　へやで　ごはんを　たべました。はじめて
つめたい　そうめんを　たべました。みんなは　はしで　たべました。
でも　マリナと　ぼくは　フォークで　たべました。　それから
しゃしんを　見ながら　ふるさとや　ともだちの　はなしを　しました。
　　　　　み
　ぼくの　ふるさとは　ブラジルの　リオデジャネイロです。
にぎやかな　町です。リオデジャネイロの　カーニバルは　ゆう名です。
　　　　　まち　　　　　　　　　　　　　　　　　　　　　　　　　　　　　　めい
　ぼくたちは　ブラジルの　うたを　うたいました。かんじの
べんきょうは　むずかしいです。

　それから　にわで　としおくんと　いろいろな　花火を　しました。
　　　　　　　　　　　　　　　　　　　　　　　　　　　はなび
とても　きれいでした。たたみの　へやに　よっつ　ふとんを
しきました。はじめて　かぞくと　いっしょに　ねました。
友だちに　あいました。

　つぎの　あさ、はやく　おきました。そして　さとうさんの
かぞくと　ディズニーランドへ　いきました。人が　いっぱい
　　　　　　　　　　　　　　　　　　　　　　　ひと
いました。びっくりしました。ミッキーマウスの　ショーを　見ました。
　　　　　　　　　　　　　　　　　　　　　　　　　　　　　　　み
　ミッキーマウスと　いっしょに　しゃしんを　とりました。そして
あく手を　しました。こうえんで　おべんとうを　たべました。
　しゅ
ミッキーマウスの　手は　大きかったです。それから　ジェットコースターや
　　　　　　　　　て　おお
ボートや　ロープウェーに　のりました。よるの　パレードが　いちばん
おもしろかったです。また　いきたいです。

ひょうご日本語教師連絡会議・子どもの日本語研究会
きょうし れんらくかいぎ

『外国人の子どものための日本語　こどものにほんご1』（スリーエーネットワーク）を利用
りょう

16

考えましょう

【質問 13】

左の問題は、どのように考えながら、解きましたか。
このような練習をするには、どのようなレベルの、どのようなものを選んだらいいでしょうか。

(3) スキャニングの技術を養う活動

　スキャニングとは、文章から必要な情報だけを探しながら速く読む読み方です。そのために、関係ないと思われるところは飛ばして読みます。自分の国のことばでは、日常生活でよくやっている簡単なことですが、日本語では、意識して練習する必要があるでしょう。

やってみましょう

《例題４》

(1) ～ (5) のことばを文章の中から探して、○をつけてください。

(1) 毎朝　　(2) 午後　　(3) 週末　　(4) 猫　　(5) 忙しい

犬の生活

　わたしはトモです。サントスさんのうちにいます。わたしは毎朝奥さんと散歩に行きます。8時ごろテレサちゃんと学校へ行きます。それから、うちへ帰ります。そして、奥さんと買い物に行きます。午後、学校へテレサちゃんを迎えに行きます。それからいっしょに公園へ遊びに行きます。
　週末は、テレサちゃんの学校とサントスさんの会社は休みです。サントスさんの家族は遠い所へ車で遊びに行きます。わたしもいっしょに行きます。とても疲れます。
　サントスさんのうちに猫もいます。猫は毎日何もしません。どこも行きません。わたしは朝から晩まで忙しいです。休みが全然ありません。わたしは猫といっしょに休みたいです。

『みんなの日本語初級Ⅰ』第13課（スリーエーネットワーク）を利用

《例題５》
次のようなパンフレットを使って、必要な情報を探し出す問題を作り、まわりの
人とおたがいに出し合いましょう。

● 浅草・雷門

コース番号 A106

みどころ東京 B

定期観光　2階バス　お食事

◆料　金／おとな **8,000**円　こども **4,310**円　食事付

◆運行日／毎日

◆行程◆
- NHKスタジオパーク(見学) 注)1 50分
- 表参道＝迎賓館前
- 皇居前広場(坂下門…二重橋前…楠正成像) 注)2 30分
- 浅草観音と仲見世(自由散策) 50分
- 隅田川下り(浅草〜日の出桟橋) 40分 ＝銀座

注)1. NHKスタジオパーク休館日(毎月第3月曜日、祝日の場合は翌日)は、明治神宮へご案内いたします。
注)2. お食事は二重橋前楠公レストランとなります。
※出発時期により運行順路が変更となります。
※環境便は中2階バスにて運行いたします。
（コース番号A106W）料金　おとな6,550円　こども3,580円

Check Point!
家族みんなで楽しめる一日コース

NHKスタジオパーク

出発地	出発	終了予定
東京駅丸の内南口	10:30	17:00
	11:20	18:00
新宿駅東口	9:50 東京駅経由	17:00 終了は東京駅
上野駅浅草口	10:40 東京駅経由	18:00 終了は東京駅

隅田川下り
隅田川にかかる個性的な12の橋を眺めながら、開発によって変化していく海岸の様子を目のあたりにできるちょっと粋な川下りです。

● 皇居 二重橋

コース番号 A101：東京駅発・キャピタルホテル発　A102：新宿駅発

東京一日 C

定期観光　**Check Point!** 一日観光決定版！　昼コース

◆料　金／おとな **8,900**円　こども **5,400**円　食事付

◆運行日／毎日

◆行程◆ 東京駅丸の内南口・銀座キャピタルホテル発
- 皇居前広場(坂下門…二重橋前…楠正成像) 50分
- 国会前＝迎賓館前＝表参道＝新宿新都心
- 新宿住友ビル展望レストラン「シャーウッド」(和食) 注)1 50分 ＝靖国神社
- 浅草観音と仲見世(自由散策) 50分
- お台場 注)2(自由散策) 80分
- 東京タワー(展望) 50分

◆行程◆ 新宿駅東口発
- 新宿新都心＝表参道＝迎賓館前＝国会前
- 皇居前広場(坂下門…二重橋前…楠正成像) 50分
- 道灌かがり(食事) 50分
- 東京タワー(展望) 50分
- お台場 注)2(自由散策) 80分
- 浅草観音と仲見世(自由散策) 50分
- 靖国神社

シャーウッドのお食事

道灌かがりのお食事(イメージ)

注)1. お食事は11:00頃の場合がございます。また、「シャーウッド」以外の店舗へご案内し、展望レストランでない場合がございます。

出発地	月・火・水・木・金		土・日・祝		4/29・30、5/3〜7	
	出発	終了予定	出発	終了予定	出発	終了予定
東京駅丸の内南口	—	—	9:10	17:20	9:10	17:20
	9:30	17:40	9:30	17:40	9:30	17:40
					10:10	18:20
新宿駅東口	9:30	17:40	9:30	17:40	9:30	17:40
銀座キャピタルホテル	9:00 東京駅経由	17:40 終了は東京駅	9:00 東京駅経由	17:40 終了は東京駅	9:00 東京駅経由	17:40 終了は東京駅

注)2. お台場のフジテレビ展望台見学プロムナードは月曜日(祝日の場合は翌日)定休日となります。デックス東京ビーチ・アクアシティお台場は休館となる場合がございます。
※出発時刻により運行順路が変更となります。

自由の女神像
お台場海浜公園内に建つ女神様は写真撮影のスポットとして人気です。

● お台場

※各コースに掲載されているお料理等の内容は、季節により変更となる場合がございます。※特に指定のない場合、特の時間はアイドリングストップを実施し、バスの冷暖・運転を停止します。ご了承ください。

④

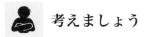 考えましょう

【質問 14】

このパンフレットは、みなさんの学習者にも使えますか。スキャニングの練習を
するには、どんな材料を使ったらいいでしょうか。特に初級や中級の前半の学習
者のために、どんな工夫が必要ですか。

 整理しましょう

　ここまで、**トップダウンモデルの読み方**の中から、

　　「予測の力を養う活動」
　　「スキミングの技術を養う活動」
　　「スキャニングの技術を養う活動」

を取り上げてきました。
このような活動を、みなさんの授業でも取り入れることができるでしょうか。

【質問 15】

上で見てきたようなストラテジーを養うことを意識しながら、みなさんの現場で、
トップダウンの読み方を指導するための「読み」の授業をするとき、どんな文章
を使ったらいいでしょうか。そして、どんな練習ができるでしょうか。自分の授
業に参加する学習者のレベル、年齢、興味、などを考えながら、アイディアを発
表し合いましょう。

 ヒント

　　今までにふり返った、現実の日常生活の「読む」活動をヒントにして、できる
　だけ、現実の生活に近いタスクを考えてみましょう。どのようなものをどんな
　目的で読むとき、上のようなストラテジーを使いますか。そして、自分の学習
　者をよく思い出してください。同じ力を養う活動でも、学習者によって、違う
　素材が適しているかもしれません。また、同じ素材でも、学習者に合わせて活
　動の工夫をしたほうがいいかもしれません。

2-2. ボトムアップの読み

　ボトムアップの読みでは、ことばや文法、文と文や段落と段落の関係などについて、細かく確認しながら読み進めます。内容の読み取りについても、ボトムアップモデルの読み方で使うストラテジーを多く使いながら、小さい部分から整理して、だんだん全体を把握するようにします。このような読み方を練習する活動例をいくつか見てみましょう。

(1) 複雑な構造の文の意味を理解するための活動

 考えましょう

　文が長かったり、構造が複雑でわかりにくかったりする文を理解させるために、どんな質問をしたらいいか、考えてみましょう。

【質問 16】
例のように、Aの文章の下線を引いた文の意味を確認する質問を考えてみましょう。同じように、Bの文についても質問を考えてみましょう。

A

キムさん、<u>昨日キムさんに作ってもらったお菓子を妹に食べさせたら、作り方を教えてほしいと言われました。</u>今度、時間のあるときに私の家に来て、妹に作り方を教えてくれませんか。

＜質問＞

例)　・お菓子を作ったのは、だれですか。

　　　・お菓子をもらったのは、だれですか。

　　　・＿＿＿＿＿＿＿＿＿＿＿＿＿＿＿＿＿＿＿

　　　・＿＿＿＿＿＿＿＿＿＿＿＿＿＿＿＿＿＿＿

B

日本で英語を教えているアメリカの大学の先生から、大学のホームステイ・プログラムに参加した日本人学生が最もよく言う不満は、アメリカのホストファミリーは冷たいというものだと聞いた。

＜質問＞

・＿＿＿＿＿＿＿＿＿＿＿＿＿＿＿＿＿＿＿＿＿＿＿＿＿

・＿＿＿＿＿＿＿＿＿＿＿＿＿＿＿＿＿＿＿＿＿＿＿＿＿

・＿＿＿＿＿＿＿＿＿＿＿＿＿＿＿＿＿＿＿＿＿＿＿＿＿

・＿＿＿＿＿＿＿＿＿＿＿＿＿＿＿＿＿＿＿＿＿＿＿＿＿

(2) 内容の理解を確認するための活動

 考えましょう

　内容の理解を確認するための問題には、文章全体を読まなくても、部分の理解で答えられるものと、全体を読まなければ答えられないものがあります。どちらの場合も、一つ一つの文をきちんと理解することが求められています。特に初級の「読み」の活動には、このような読み方をする練習が多くなります。

【質問 17】

次の問題は文章の理解を確認するための正誤問題です。まず、本文を読んでから、下の ① ～ ④ の文が文章の内容と合っているか考えましょう。

また、この問題を解くとき、文章のどの部分に着目しましたか。そのときにどのような知識やスキーマを使っているでしょうか。

　僕のおばあちゃん

　　僕のおばあちゃんは 88 歳で、元気です。一人で住んでいます。天気がいいとき、おばあちゃんは病院へ友達に会いに行きます。病院に友達がたくさんいますから。天気が悪いとき、足の調子がよくないですから、出かけません。おばあちゃんが僕のうちへ来たとき、僕は学校で習った

歌を歌ってあげます。おばあちゃんは僕に古い日本のお話をしてくれます。そしてパンやお菓子を作ってくれます。

　おばあちゃんがうちへ来ると、うちの中がとてもにぎやかになります。

① （　　　） おばあちゃんは僕の家族といっしょに住んでいます。

② （　　　） おばあちゃんは足の調子が悪いとき、病院へ行きます。

③ （　　　） おばあちゃんは僕に日本の古い歌を歌ってくれます。

④ （　　　） 僕はおばあちゃんが好きです。

『みんなの日本語初級 I』第24課（スリーエーネットワーク）を利用

【質問18】

【質問17】を参考にして、次の文章の理解を確認するための正誤問題を作ってみましょう。

ゴミの出し方

　私の町では、ゴミの出し方にルールがあります。ゴミはいつも決まった場所に、ゴミを集める日の朝に出します。前の日に出してはいけません。ゴミを集める車はいつも朝8時ごろに来るので、それよりも早く出さなければなりません。

　紙などの燃えるゴミと食べ物のゴミは毎週月曜日と木曜日に出します。プラスチックのゴミは毎週水曜日に出します。ゴミは中が見える袋に入れて出さなければなりません。新聞やビンなど、リサイクルできるゴミは2週間に一度出します。ゴミを出す場所もちがいます。新聞や雑誌などは火曜日で、ビンや缶、ペットボトルは月曜日です。新聞や雑誌以外のゴミは袋に入れて出します。リサイクルできないガラスやビデオテープは、燃えるゴミの日に出します。

国際交流基金日本語国際センター

『みんなの教材サイト』（http://www.jpf.go.jp/kyozai）12-8 を利用

【質問 19】

内容をくわしく理解できているかどうか確認するための問題として、前ページの正誤問題のほかに、どのような種類の問題を作ることができるでしょうか。【質問 18】の文章を使ったり、まわりの教材を使ったりして考えてみましょう。

 整理しましょう

ここまで、主に**ボトムアップモデルの読み方**の中から、

　　「**複雑な構造の文の意味を理解する活動**」
　　「**内容の理解を確認する活動**」

を取り上げてきました。

　みなさんの授業でも、いろいろな種類の問題や練習を使って、ボトムアップの読みをさせることができますか。

【質問 20】

みなさんの「読み」の授業では、ボトムアップモデルの読み方をさせるために、どんな質問をしたり、活動をさせたりしていましたか。
また、まわりの読解教材に出ている問題から、ボトムアップモデルの読み方をさせているものを探してみましょう。

　実際には、私たちは、1つのストラテジーだけを使って読むことはありませんし、読み方も、トップダウンモデルの読み方だけ、ボトムアップモデルの読み方だけ、をしているのではなく、両方を使い、文章を読んでいます。上のような活動の中でも、そのことに気づいた人もいるかもしれません。「読み」の指導では、学習者にいろいろなストラテジーを使ったさまざまな読み方をさせるように、教師が意識することが望ましいでしょう。

　次の章では、このようなさまざまな読み方を授業の中に組み込んでいく授業計画について、考えてみましょう。

── MEMO ──

3 「読む」授業の計画 ①

前章まで、日常生活での「読み」を参考に、どのような「読み方」を授業の活動に取り入れたらいいかを考えてきました。ここでは、あらためて、教師として、今まで「読む」授業をどのようにしてきたかをふり返ってみましょう。そして、どのような計画を立てたら、効果的に「読む」授業ができるのかを、考えてみましょう。

3-1. 日常の「読み」と同じような状況を作る

 ふり返りましょう

【質問 21】

みなさんは、今までどのように「読む」授業をしてきましたか。

文章を読ませるとき、どんな練習をしてきましたか。書き出してみましょう。

そして、それぞれの活動は、どんな目的で行ったのか、ふり返ってみてください。

教授活動／練習	目的
(例) 予習として語彙の意味を調べさせる。	文章の内容を理解するために必要な語彙の意味を確認させる。

【質問22】

【質問21】の表を見ながら、次のことを考えてみましょう。

① 日常生活の「読み」と、今までの授業の中での「読み」は、同じでしたか。

② 前章までに学んだ、さまざまなストラテジーを使ったいろいろな読み方を意識した活動がありますか。

　日本語の授業で「読み」を教えるときも、日常生活の「読み」と同じような状況を作り出すには、どのように授業を組み立てたらいいでしょうか。日常生活の「読み」には、目的があります。「楽しむ」ことや「気分転換する」ことも、目的の1つです。授業でも、同じように目的を作ったり、学習者が読みたいという気持ちになったりするための工夫を、考えることができるでしょうか。

 考えましょう

【質問23】

日常生活で、みなさんは、どのような目的で文や文章を読みますか。
どのような気持ちで文章に向かいますか。
また、読んだ後で、読んだことをだれかに伝えたことはありませんか。読んだことを使って何かをしたことはありませんか。

　「読み」の授業でも、文章を読む前に、読むための準備をする時間をとったり、読んだ後で、文章を生かすような方法を考えていきましょう。

【質問24】

次のテキストを見て、文章を読む活動の前と後に、どんなことをさせているか、調べてみましょう。

A 『日本語を楽しく読む本・中級』（凡人社）8課「握手」

B 『日本語中級 J301—基礎から中級へ』（スリーエーネットワーク）7課「あのときはどうも」

 整理しましょう

　上で見たように、最近では、教科書の中でも、読む前や読んだ後の活動や作業を取り入れているものがあります。このように、日常の「読み」を生かして、授業の流れを計画すると、授業は ① 前作業、② 本作業、③ 後作業、の3つの段階になると考えられます。

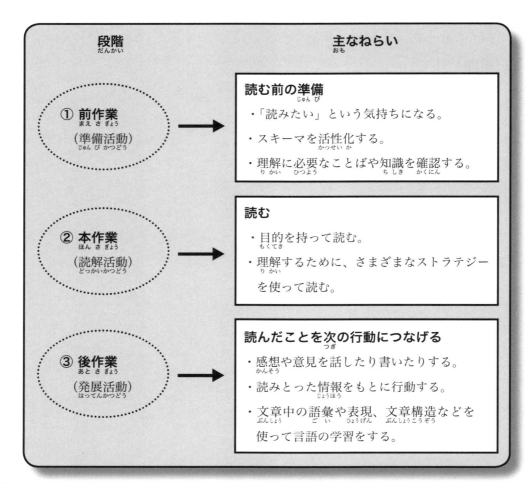

段階	主なねらい
① 前作業 （準備活動）	**読む前の準備** ・「読みたい」という気持ちになる。 ・スキーマを活性化する。 ・理解に必要なことばや知識を確認する。
② 本作業 （読解活動）	**読む** ・目的を持って読む。 ・理解するために、さまざまなストラテジーを使って読む。
③ 後作業 （発展活動）	**読んだことを次の行動につなげる** ・感想や意見を話したり書いたりする。 ・読みとった情報をもとに行動する。 ・文章中の語彙や表現、文章構造などを使って言語の学習をする。

3-2. 前作業と後作業

　前作業の大きい目的は 2 つあります。1 つは、学習者にこれから読む文章に対する興味や関心を持たせることです。たとえば、話題を提示して、学習者がすでに持っているスキーマを呼び起こす方法があります。もう 1 つは、文章を理解するのに必要な言語や社会文化に関する知識をインプットすることです。

　後作業の活動には、大きくわけて 2 種類の活動があります。1 つは、読みとった中身を使ってする活動です。感想や意見を出し合わせたり、読みとった情報を使って別の活動をさせたりすることができます。もう 1 つは、文章の中に出てきたことばや表現、文章構造などを利用して、言語の学習をさせるものです。

 考えましょう

【質問 25】

次の文章を教えるときの、前作業と後作業を考えてみましょう。

A　着物
　　き もの

　昔、日本人は大人も子どももみんな毎日着物を着て生活していた。しかし、着物を着るのは難しいし、時間もかかって大変だ。また歩くときや、仕事をするときも、着物は不便なので、みんな洋服を着るようになった。洋服を着るのが簡単だ。それに日本人の生活も西洋化したので、着物より洋服のほうが生活に合う。

　今では、着物は結婚式、葬式、成人式、正月など特別な機会だけに着る物になってしまった。

　　　　　　　　　　　　　　『みんなの日本語初級 II 』第 39 課（スリーエーネットワーク）を利用

B　上野動物園
　　うえ の どうぶつえん

●開園時間
　午前 9 時 30 分～午後 5 時（入園券の発売及び入園は午後 4 時まで）

●終了時間（一部の展示は午後 5 時前に終了させていただきます。）

| ［東園］ | パンダ | 16:30 | ［西園］ | 両生爬虫類館 | 16:30 |
| | ゴリラ | 16:20 | | 小獣館 | 16:30 |

C 「おこのみやき」の作り方！

① ざいりょうを小さく切ります。

② たまごとスープとこむぎこをまぜます。

③ ②の中に、小さく切ったざいりょうを入れます。

④ フライパンかホットプレートに、あぶらをすこしひきます。

⑤ ④に③をながします。

⑥ りょうめん（おもて・うら）をやきます。

⑦ できあがり！

D 色のイメージ

　好きな色は人によって違います。好きな色でその人の性格が分かると言う人もいます。でも、明るい色より暗い色のほうが好きな人は性格も暗いでしょうか。色と性格が関係があるかどうかは分かりませんが、色とその色からイメージするものは関係があるかもしれません。

　青と赤と黄色の中でどれが一番「危険」をイメージしますか。だいたいどこの国でも赤から「危険」を連想するのではないでしょうか。赤のイメージはもちろん「危険」だけではありません。日本の中華料理のお店ではカウンターやテーブルは赤です。もしそれが青だったら、きっと食欲がなくなるでしょう。でも、青には別のイメージがあります。夏の暑い日はのどが渇きます。そんな時にあなたはどんな色のジュースが飲みたくなりますか。

　日本で赤と青と黄色のジュースを用意して、道を通る人に実験してみました。黄色のジュースも人気がありましたが、青ほどではありませんでした。赤は一番人気がありませんでした。きっと青を見ると涼しく感じるのではないでしょうか。

　別の実験では同じ形で同じ大きさの箱を2つ持ってもらって、どちらの箱が重いか尋ねました。1つは白で、もう1つは黒でした。ほとんどの人が黒い箱のほうが重いと答えました。でも、本当は2つの箱は同じ重さでした。明るい色に比べて、暗い色はなんとなく重く感じるようです。

日本語研究社教材開発室『ニューアプローチ中級日本語基礎編（改訂版）』（日本語研究社）を利用

【質問 26】

今まで教えたことのある文章などを使って、【質問 25】と同じように、それぞれの前作業と後作業を考えてみましょう。

ヒント

できれば、前作業や後作業の活動では、4 つの技能（「見せる」「話させる」「聞かせる」「書かせる」）をバランスよく取り入れた活動を考えてみましょう。

【質問 27】

ここまで学んできたことをふり返りながら、読解の授業を組み立ててみましょう。

【質問 26】の文章を使っても、自分で探してきた文章を使ってもいいです。

① 読解の授業で読ませたい文章を選ぶ。

② 選んだ文章について、学習者がそれを読む目的を考える。

③ 目的に合った読み方をさせるために、「本作業」でどんな活動をさせるか、考える。

④ 読む目的や、本作業の活動と照らし合わせながら、「前作業」と「後作業」を考える。

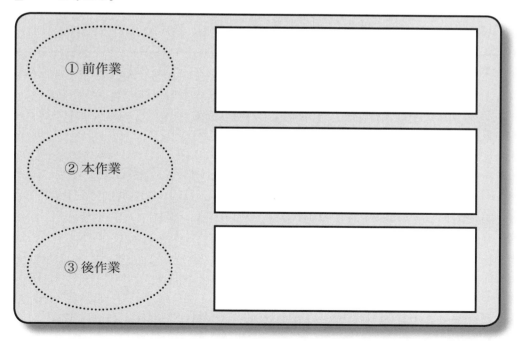

① 前作業

② 本作業

③ 後作業

「本作業」の具体的な活動については、次章でいくつか例をあげて説明します。

「読む」授業の計画 ②
じゅぎょう

4-1. 初級の「読み」：目的に合った本作業
しょきゅう　　　　　　　　　　　もくてき

　2-2. でも見たように、初級の「読み」では、ボトムアップモデルの読み方をする機会が多いと考えられます。しかし、初級でも、ことばや文法の理解だけで終わらない「読み」の活動を行うことはできます。その中では、ボトムアップモデルの読み方に使われるストラテジーだけでなく、トップダウンの読みに使われるストラテジーも使うことになります。

 考えましょう

【質問 28】

次のA、B、Cは初級の「読み」の活動です。質問の文が、読む目的を示しています。質問に答えるために、つまり目的を達成するために読んでください。ボトムアップモデルの読み方とトップダウンモデルの読み方が、どのように使われるでしょうか。

A　下の文を読んで、絵と違っているところに＿＿を引いてください。
え　ちが　　　　　　　　　　　　　　　　　ひ

　　田中先生の研究室はとても広いです。部屋の右側には大きい本棚があ
たなかせんせい　けんきゅうしつ　　　ひろ　　　へや　みぎがわ　おお　ほんだな
ります。本棚には本がたくさんあります。本棚の横には窓があります。
ほんだな　ほん　　　　　　　　　　　ほんだな　よこ　　まど
窓の前には小さい鉢植えがあります。そして、窓の近くには先生の机が
まど　まえ　ちい　はちう　　　　　　　　　　　まど　ちか　　せんせい　つくえ
あります。窓は部屋の奥にあります。
　　　　　まど　へや　おく

机は部屋の左側にあります。机の上
つくえ　へや　ひだりがわ　　つくえ　うえ
にはコンピュータと電話があります。
　　　　　　　　でんわ
部屋の手前には小さいソファがあり
へや　てまえ　ちい
ます。ソファの上にも本がたくさん
うえ　ほん
あります。ソファの横に小さい椅子
よこ　ちい　いす
があります。

B 1～8の文を並べかえてください。

わたしの新しいうちは、しずかなところにあります。

1．喫茶店のコーヒーはおいしいです。

2．それから、うちの近くには、郵便局と銀行があります。

3．わたしは図書館で本を借ります。

4．うちのとなりに、きれいな公園があります。

5．そして、公園で読みます。

6．郵便局と銀行の間にスーパーがあります。

7．公園の前に図書館と喫茶店があります。

8．ときどき、喫茶店でも読みます。

スーパーの中に、花屋やおいしいパン屋があります。

☆わたしのうちは、①　②　③のどれですか。

①

②

③

『みんなの日本語初級Ｉ』第10課（スリーエーネットワーク）を利用

C それぞれの絵葉書は、どの日記を書いた人の絵葉書ですか。

C

けい子さん、お元気ですか。POST CARD
今ヌメ　　にいます。ここの海と空
は青くて　　　　れいです。こんな
きれいな海は　　　　てです。
　今日はダ　ングをしました。海の
中は　　　　かったです。黄色や青
　　　魚がたくさん いました。
　夜空を見ると、たくさんの星
　　　いました。ほんとうにきれい
した。
　あしたはパイン島へ行きます。きれい
な写真　　さんとりました。リ帰っ
見てくださいね。
　　　　　　　　　　　　洋

千葉県市川市大町

清　水

Japa

D

お父さん、お母さん、お元気ですか。　Post Car
今セーヌ　　ばのホテルにいます。
　今日はロワ　　　　を
見ました。きれいなお城がたく
さんありました。写真をたくさん撮
りました。昼ごはんは、村の
　　　トランで食べました。ワインが
とてもおいしかったです。
　お城でも レストランでも、日本人は
　　　だけでした。きれい　　ーチ
と　　ップを買いまし
また、手紙を書きます。
　　　　　　　　　　　由美子

東京都中野

山　本

（ア）

6月23日（木）

　今日は、朝早く起きて、ロワールの小さい村へ行った。パリからロワールまで、バスで3時間ぐらいかかった。パリには日本人がたくさんいたが、ロワールの村では、日本人は私たちだけだった。

　ロワールには、お城がたくさんある。古いが、とても大きくてきれいだ。お城のそばで、たくさん写真をとった。

　昼ごはんは、村の小さいレストランでフランスの家庭料理を食べた。ワインも飲んだ。ワインは、安くてとてもおいしかった。

　昼ごはんの後、レストランの隣の小さい店でおみやげを買った。絵葉書とコーヒーカップとブローチだ。とてもきれいなブローチだが、安かった。

　午後6時ごろホテルへ帰った。今日は楽しかったが、少し疲れた。

（イ）

4月12日（火）

　ヌメア島は小さいが、とてもきれいな島だ。今日は朝6時に起きて、友達とビーチへ行った。空と海は青くて、とてもきれいだ。広くて真っ白な砂浜を1時間ぐらい散歩した。きれいな貝も拾った。

　昼は、ダイビングをした。ダイビングの先生はとてもハンサムで親切だった。ここの海の中はすばらしい。小さくてきれいな魚をたくさん見た。黄色や赤や青の熱帯魚は本当にきれいでかわいかった。

　夕方は、ホテルで少し休んだ。夜、ホテルの窓から空を見た。星がとてもきれいだった。明日は、隣の島へ行く。そして、砂浜でバーベキューをする。

（ウ）

3月11日（日）

　おととい、ここへ来た。とてもにぎやかな町だ。車はあまり多くないが、みんな自転車やバイクに乗るので、自転車やバイクがとても多い。

　ハノイには、きれいな湖がたくさんある。朝と夕方、おおぜいの人が湖のまわりを散歩する。私たちも今朝、ホテルのそばの湖を散歩した。涼しくて、気持ちがよかった。木に、小鳥がたくさんいた。小鳥の声は、きれいでかわいかった。

　昼は、観光に行った。古い寺や、きれいな公園を見た。それから、買い物に行った。大きい店はあまりないが、小さい店がたくさんあって、買い物をするのが楽しい。私は、小さいくだもの屋で、くだものを買った。とても安かった。夕方ホテルへ帰って、そのくだものを食べた。新鮮でとてもおいしかった。

　楽しい一日だった。

文化外国語専門学校日本語課程『楽しく読もうⅠ』第14課（凡人社）を利用

初級の「読み」でも、最初から最後まで、習った語彙や文法を確認しながらていねいに理解する読み方だけでなく、文章の内容や種類に合わせて読む目的を示し、その目的のために読ませるようにすると、いろいろな読み方ができることがわかります。

▮【質問29】

29〜30ページの【質問25】のA〜Cのテキストは、学習者にどのような目的を持たせて読ませたらいいと思いますか。そして、その目的のためには、どのような本作業（読ませ方）をさせたらいいでしょうか。読む目的を考えながら、具体的に活動や練習を考えてください。そのとき、どのような力やストラテジーを養うことができますか。

▮【質問30】

まわりにある初級レベルの読解教材などを見て、ほかに、どんな本作業が設定されているか、質問の種類や内容を調べてみましょう。そして、それぞれの質問や課題が、学習者にどのような読み方をさせることになるか、考えてみましょう。

 ヒント

多くの教材を調べると、テキストのタイプによって本作業の質問が違っていることに気がつきます。

初級の「読み」の授業で扱う文章は短いですし、授業時間もかぎられているので、1つの文章で、いろいろな読ませ方をしたり、いろいろなストラテジーを養おうとするのはむずかしいかもしれません。しかし、文章を読ませる前に、必ず目的を考え、その目的に合った読み方を指導することが大切です。授業では、読む目的の違うタイプのテキストを使ったり、読む目的に導くための段階的な活動を考えたりして、読み方にバラエティを持たせる工夫をする必要があるでしょう。

4-2. 中級の「読み」: 段階を追って行う本作業

中級段階になって、ある程度長い文章を読む読解では、本作業を段階を追って考えることができるでしょう。たとえば、まず、大意や中心となる話題をつかむための読む活動をしてから、だんだん細かい部分までていねいに読む活動をします。

 考えましょう

【質問31】

まず、次の文章の大意をつかむための質問を考えてみましょう。この文章が何について書いてあるかをたずねるほかに、どんなことばやどの部分を問題にすることができますか。

実感
じっかん

　外国旅行だけでなく国内旅行にも、飛行機を利用する人が多くなった。たしかに飛行機は速い。地球の反対側の国までも、半日ぐらいで飛ぶことができる。しかし、飛行機の旅行は、空港から空に上がり、空から空港へ下りたような感じで、長い距離を移動したという実感があまりない。新幹線のような速い電車で行く場合もこれに似ている。沿線の景色をゆっくりながめながら、次第に目的地に近づいていく興奮を感じるということが少ない。旅の苦労も減ったが、旅の実感もうすくなった。

　料理も高速化している。昔は火加減を見ながら長い時間をかけて煮込んだ料理も、現在の電子レンジならわずか数分でできてしまう。何度もなべのふたを取って味見をしたり、台所から流れてくるうまそうなにおいにわくわくしたりするひまがない。

　高速化だけでなく、安全や能率の追求も、実感の減少につながる。銀行振り込みやクレジット・カードなどが普及した結果、現金を手にすることが少なくなった。月給日に月給袋を受けとって、一か月間汗を流して働いた苦労を忘れる。あるいは、ボーナスの出た日、いつもより厚い封筒をしっかりと握って家へ急ぐ —— そうした風景があまり見られなくなった。

世の中はますます高速化し、安全を求め、能率を高めていく。生活が
変化すると同時に感動の性格も変わるのは当然であろうが、やはり失わ
れていく「実感」がなつかしい。

水谷信子『総合日本語中級前期』（凡人社）を利用

 ヒント

たとえば、タイトルを使って、質問を作ることができますか。文章の中に何度
も出てくることばや、それに関連していることばはどうでしょうか。

【質問32】

次に、大切なポイントについて質問する問題を作りましょう。

上の文章は、生活の変化にともなって実感が失われてきたことが書かれています。
ですから、筆者がどんな実感が失われたと言っているのかを読みとることが大事
です。筆者は具体的な事例として、どのようなものをあげていますか。この点を
たずねる質問を作りましょう。

 ヒント

例をあげさせる質問以外にも、答えを選ばせる問題や、穴うめの問題など、形
式にバリエーションを持たせると、練習が単調にならないでしょう。もう少し
くわしく内容を理解させるために、表に整理していく方法もあります。学習者
が自分の力で全部整理するのがむずかしいと思う場合は、一部分をあらかじめ
記入した表を作っておくとやさしくなります。

やってみましょう

《例題》
【質問 31】の文章を読んで、下の表をうめてください。

	私たちが求めたこと	その結果、なくなったこと
飛行機 新幹線	（　　　　　　　　）	次第に（　　　　　　　　　　）
料理	（　　　　　　　　）	味見、台所から流れてくるにおいに わくわくすること
（　　　）	安全で能率がいい	（　　　　　　　　　　　　　）

　ここでは、文章にあげられた３つの例を表に整理しましたが、文章のタイプや内容によって、整理の方法はいろいろあります。また、表の作り方や表に書きこむ内容の細かさによって、トップダウンモデルの読み方とボトムアップモデルの読み方を、それぞれどのくらい、どのように使うかが異なります。

 考えましょう

【質問 33】

まわりの教材の文章を使って、内容を整理する問題を作ってみましょう。
作ったリスト、表、図を周りの人と見せ合って、アイディアを交換しましょう。

💡 ヒント

　内容によって、表にまとめる方法だけでなく、事実の部分と筆者の意見をわけて整理したり、筆者が言いたいことと例の部分を並べて書いたりすることもできます。表だけでなく、図や絵を使うこともできるでしょう。

次に、もう少し深く理解するための質問を考えましょう。

【質問 34】

「実感」の読解練習のために次の質問を作りました。質問に答えながら、くわしい内容理解のための質問と、ことばの練習の質問にわけてみましょう。

　①5行目「これに似ている」とは、何に似ているのですか。

　②7行目「実感もうすくなった」とだいたい同じ意味で使われている表現を抜き出しなさい。

　③15〜16行目「いつもより厚い封筒」とありますが、厚いのはなぜでしょうか。

　④16行目「そうした風景」は、どんな風景ですか。

 整理しましょう

【質問 35】

【質問31】【質問32】【質問34】で「実感」の文章を使って作ってきた問題を比べてみてください。それぞれ、学習者のどのような力やストラテジーを養う問題になっているでしょうか。その結果、学習者はどのような読み方ができるようになるしょうか。

　中級の比較的長い文章を使って、学習者の読む力を育てるときには、同じ文章でも、いろいろなストラテジーを使う活動を組み合わせて、総合的な力を養う「読み」ができるように工夫する必要があります。

── MEMO ──

ほかの技能と合わせた「読み」の活動

5-1. 音読

　まず、音読を使った読みの活動を考えてみましょう。みなさんの授業では、「読み」の活動の中に、音読を取り入れていますか。取り入れている場合は、授業のどの段階で、どのような音読をさせていますか。

 考えましょう

▌【質問36】
▌「読み」の授業や活動の中に音読を取り入れるいい点と悪い点は、何でしょうか。

　音読を「読み」の授業や活動に取り入れることについては、賛成意見と反対意見があります。しかし、私たちが文章（特にむずかしい文章）を読むとき、外からは黙読しているように見えても、心の中で音読していることが多くあります。音にすることで、意味の理解を確認しながら読み進めています。それと同じように、ただ、字を追って読んでいくのではなく、意味のまとまりを考えながら読む練習の１つとして、音読を取り入れることはできるでしょう。学習者が読んだ文章を理解できたかどうか、学習者自身や教師が確認したり判断したりするために、音読の活動を読みの授業で行うこともできます。ここでは、そのような活動をいくつか紹介しましょう。

 やってみましょう

▌《例題1》
▌次の文章を、①〜③の方法で読みましょう。

① まず、文章全体を目で読みます。

② 次に、一度に覚えられそうな意味のまとまりを読み、顔を上げて、声に出して言います。

③ だんだん、まとまりを長くして、1文ずつ、顔を上げて、声に出して言います。

さんかん日

　きょうは　さんかん日です。２じかん目は　音がくの　じかんです。ピアノの　まえに　先生が　います。きょうしつの　うしろに　ひろしくんの　おとうさん、おかあさん、そして、ルイスくんの　おとうさん、おかあさんが　います。ゆかちゃんの　おかあさんも　います。ゆかちゃんの　おとうさんは　やおやさんです。きょうは　いそがしいです。だからきません。

ひょうご日本語教師連絡会議・子どもの日本語研究会
『外国人の子どものための日本語　こどものにほんご ①』（スリーエーネットワーク）を利用

 ヒント

　たとえば、次のようなまとまりで練習してみましょう。むずかしかったら、初めは短いまとまりで、それができるようになったら、もっと長くまとめて読んでみましょう。

さんかん日

きょうは　さんかん日です。

２じかん目は　音がくの　じかんです。

ピアノの　まえに　先生が　います。

きょうしつの　うしろに

ひろしくんの　おとうさん、おかあさん、

そして、ルイスくんの　おとうさん、おかあさんが　います。

ゆかちゃんの　おかあさんも　います。

ゆかちゃんの　おとうさんは　やおやさんです。

きょうは　いそがしいです。

だから　きません。

43

このような活動では、一度授業で扱った文章や、学習者のレベルより少しやさしい文章を使います。一時的に覚える必要がありますが、覚えることが目的ではありません。上手に言うことも目的ではありません。口に出す前に、意味のまとまりを頭の中に入れることが大切です。学習者がやり方に慣れるまでは、カードにしたり、OHPを使ったりして、教師がまとまりごとに学習者に見せて練習をするのもよいでしょう。

同じような練習を、ペアでやってみましょう。使う文章は、学習者のレベルより少しやさしい、1文があまり長くない文章を使います。ストーリーがある文章のほうが、上手に活動することができます。次の文章を、①〜⑦の方法で読みましょう。

《例題2》

① まず、A、Bのシートをペアのそれぞれに配ります。

② 学習者は、自分のシートに書いてある文章全体をざっと目で読みます。

③ Aシートを持っている学生は、最初の文を目で読みます。

④ 二人とも、顔を上げて、Aシートの学生がその文を声に出して言います。もう一人は聞きます。

⑤ Bシートを持っている学生が、Bシートの最初の文を、目で読みます。

⑥ 二人とも、顔を上げて、Bシートの学生が、その文を声に出して言います。もう一人は聞きます。

⑦ このように、交代で文を読んでいきます。

A

A　わたしは高校で日本語を勉強しています。

B

A　でも、日本語の勉強で、漢字は一番むずかしいです。

B

A　ならった漢字はほとんど読むことができますが、書くのがむずかしいです。

B

A　今は、授業のときしか、日本語を話す練習ができません。

B

コーベニ澤子ほか『モジュールで学ぶよくわかる日本語②』（アルク）を利用

B

A

B　日本語はとてもおもしろくて、今のわたしのすきなかもくです。

A

B　今までに、180ぐらい、ならいました。

A

B　わたしは、日本語を話すのも、まだあまりじょうずではありません。

A

B　だから、日本人の友だちがほしいです。

コーベニ澤子ほか『モジュールで学ぶよくわかる日本語 ②』（アルク）を利用

 考えましょう

【質問37】

《例題1》や《例題2》のような練習をくり返すと、どのような読む力を養うことができると思いますか。

 ヒント

> 顔を上げて言う学習者は、どのようなことに気をつけるでしょうか。《例題2》で、それを聞くもう一人の学習者は、どのようなことに気をつけて聞くと、どのような力を育てることができるでしょうか。

　音読したものをテープに入れて自分たちで聞き直すと、意味を理解しながら言えていたかどうか確認することもできます。

　ところで、《例題2》のような練習は、上で考えた読む力を養うだけでなく、聞く力や相手に伝えるために話す力、つまりコミュニケーションの力を養う練習にもなります。ここでは、内容が展開していく文章を使って、協力して話の流れを頭の中に入れていく練習として取り上げましたが、同様の活動を会話文で行って、会話の練習にすることもできます。

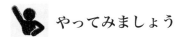 やってみましょう

《例題3》
次の文章を、① 〜 ④ の方法で読みましょう。

① ペアを作ります。

② 初めに、「読む人」Aと、「文章を見ないで相手の音読を聞きながら追いかけてくり返す人」Bを決めます。

③ 読む人Aは、はっきりした声で、相手に意味を伝えながら読めるように、文章を読みます。

（文章は、初めに読む人がよく理解している文章でなければなりません。事前に読む練習をしておくとよいでしょう。追いかけてくり返す人は、その文章を知らないほうが、よい練習ができます。）

④ もう一人は、大きい声でなくていいですから、相手の読んだ文を聞きながらくり返していきます。

＊ 一人が読んでから、一人がくり返すのではなく、一人が読み始めたら、もう一人は追いかけて、どんどんくり返していきましょう。

わたしは、トモです。サントスさんのうちにいます。わたしは毎朝奥さんと散歩に行きます。8時ごろテレサちゃんと学校へ行きます。それから、うちへ帰ります。そして、奥さんと買い物に行きます。午後学校へテレサちゃんを迎えに行きます。それから、いっしょに公園へ遊びに行きます。

週末はテレサちゃんの学校とサントスさんの会社は休みです。サントスさんの家族は遠い所へ車で遊びに行きます。わたしもいっしょに行きます。とても疲れます。

サントスさんのうちに猫もいます。猫は毎日何もしません。どこも行きません。わたしは朝から晩まで忙しいです。休みが全然ありません。わたしは猫といっしょに休みたいです。

『みんなの日本語初級I』第13課（スリーエーネットワーク）を利用

この方法は、「シャドーイング」と言われる方法で、聞く技能の練習になるので、通訳の訓練などに使われます。そのときは、学習者はテープや教師の声を追いかけてくり返すことが多いです。しかし、「読み」の授業でも、たとえば学習者が文章

46

を全体的に理解したかどうか確認するために、この方法を利用して、一人の学習者が読み、もう一人の学習者がくり返す活動をすることができます。初めに読む人がよく文章を理解し、意味のまとまりを上手に伝えながら読まないと、もう一人は追いかけてくり返すことがむずかしくなるからです。

5-2. 要約

　次に、書く技能と合わせた活動として、要約の練習を具体的な例で見ておきましょう。

 やってみましょう

《例題4》
次のページの文章の要約をするために、4つの段階で、文章をまとめる練習をしていきましょう。

《要約を作る練習段階1》

☆ □の中から、適当なことばを選んで _____ に入れ、第1段落と第2
段落の要約を完成しましょう。

　今の日本の_____が、_____である1つの理由は、小さいころから続けてきた_____食事です。
　しかし、最近、日本の食生活は大きく変わってきました。たとえば、いろいろな_____で世界中の味が楽しめるようになりました。また、24時間営業の店もできて、_____にとっても便利になりました。

長生き	子ども	伝統的な	お年寄り	病院
レストラン	忙しい人	新しい	簡単	運動

日本人の食生活

　2004年の調査によると、日本人の平均寿命は、男性が78.64歳で、女性が85.59歳だそうです。現在、日本は、世界一の長寿国として知られています。今のお年寄りが長生きである理由はいろいろありますが、この人たちが長い間続けてきた食生活とも深い関係があると言われています。つまり、長寿のお年寄りは、魚や野菜や豆腐を中心にした、日本の伝統的な食事を小さいころから続けてきたのです。

　しかし、日本人の食生活は、外国の影響を受けて、この30年ぐらいの間に大きく変わりました。東京などの大都市では、洋食や中華料理だけでなく、インド、タイ、ロシアなどのレストランも増えて、世界のいろいろな味が楽しめるようになりました。

　24時間営業しているレストランやコンビニエンスストアも多くなり、忙しい人たちにとっても、大変便利です。

　その一方で、家庭の味や伝統の味を忘れてしまう人や、簡単な料理も作れない若い人たちが増えてきました。また、これまで大人の病気だと思われていた生活習慣病になってしまう子どもが増えてきて、問題になっています。今の日本の子どもたちの食事は肉や油を使った料理が多くなり、栄養のバランスがよくありません。お菓子やジュースもたくさんあります。インスタント食品やファーストフードを利用する家庭も多くなりましたが、こういうものは塩分や糖分が多いだけでなく、いろいろな添加物も含まれていて、健康にいいとは言えません。そのうえ、今の子どもたちはあまり外で遊ばなくなったために、運動不足になって、生活習慣病になってしまうこともあるのです。

　このように、日本人の食生活は大変豊かで便利になった反面、そういう変化の中で、いろいろな悪い影響も出始めています。これから毎日の食生活について見直していく必要があるかもしれません。

国際交流基金日本語国際センター『みんなの教材サイト』（http://www.jpf.go.jp/kyozai）を利用

《要約を作る練習段階2》

```
☆ 下の文章の（　　）中のことばをつなげたり、ほかのことばをおぎなっ
  たりして、第3段落と第4段落の要約を完成しましょう。


  その一方で、（家庭や伝統の味、忘れる、料理）。また、（生活習慣病、
子ども）。その原因は、（食事、栄養、バランス、お菓子、インスタント食
品、ファーストフード、健康。）運動不足の子どもが増えたためもあります。
  このように、日本人の食生活は、（便利、問題）。もう一度、見直す必要
があるでしょう。
```

《要約を作る練習段階3》

```
☆ 次の（　　）の中のことばを使って、それぞれの段落を要約しましょう。
  本文を読んだことがない人に知らせるつもりで、短くまとめてください。


第1段落（日本のお年寄り、伝統的な食事）


第3段落（味、料理、生活習慣病）
```

《要約を作る練習段階4》

```
☆ 本文を要約しましょう。
```

母語でも要約に慣れていない学習者には、前ページのようないろいろな練習を積み重ねて、だんだん自分の力で要約が作れるように指導することが必要です。学習者のレベルや取り組み方によって、練習方法を減らしたり、ほかの方法を増やしたりしましょう。

 考えましょう

【質問38】
48ページの文章を使って、ほかの部分についても、《練習段階1》、《練習段階2》のような問題を作ってみましょう。また、まわりの教材や身近にある文章を使って、同様の問題を考えてみましょう。

【質問39】
要約は、読む技能と書く技能を使いますが、読む技能では、どのような読み方をするでしょうか。みなさんは、47ページの例題で要約を書くために、どのようなストラテジーやスキーマを使って、どのように読みましたか。

この巻で学んだことをふり返ってみましょう

　このテキストでは、まず、第1章で日常生活の「読み」の活動をふり返りながら、「読み」の過程に関して理論的な確認をしました。みなさんは、自分の日常の「読み」の活動を十分にふり返ることができましたか。そして自分自身がどのように「読み」の活動をしているかを確認することができましたか。

　第2章以降では、どのように「読むこと」を教えたらいいのかを、実際の読解練習例や授業設計の例を使って考えてきました。みなさんのこれまでの教え方と共通する点はどのくらいありましたか。新しく学んだことは、どのようなことですか。

　私たちは、積極的で多様な読み方ができる学習者を育てるために、授業にどのような工夫ができるかをみなさんといっしょに考えたいと思い、この本を作成しました。読む活動に自律的に取り組もうとする学習者を育てるためには、初級の段階から、学習者に「いろいろなストラテジーを使えば、いろいろな読み方ができるのだ」ということを実感させることが大切です。そのためには、多様な読みのストラテジーを使う課題が作れる文章を探し出すことが必要です。また、学習者が「読みたい」と思って読み始めることができるように工夫したり、日本語の勉強のためだけでなく、その文章を「読んでよかった」「読んで意味があった」と思えるような活動を考えたりすることも大切です。

　教科書にある文章だけでなく、学習者が興味を持つような日本人向けに書かれた文章も利用して、ぜひさまざまな読み方を取り入れた授業をしてください。

《解答・解説編》
かいとう　　かいせつへん

1 「読むこと」とは？

1-1. 日常生活の「読み」をふり返る
にちじょうせいかつ

 ふり返りましょう

■【質問1】（解答例）
かいとうれい

どんなもの	どのように
（例）新聞 れい	タイトルや見出しから内容を予測して、記事を選んで読む。 ないよう　よそく　　きじ　えら
新聞	写真やイラストに注目して読む。 ちゅうもく
新聞	情報を得るために、自分の興味ある記事を探して読む。 じょうほう　え　　　　きょうみ　　きじ　さが
新聞や雑誌 ざっし	おもしろい記事を探しながら斜め読みや拾い読みをする。 きじ　さが　　なな　　　ひろ
小説や詩 しょうせつ　し	書いた人の気持ちを想像しながら読む。 そうぞう
小説や詩 しょうせつ　し	何回も音読する（人に聞かせるための朗読もあり）。 ろうどく
小説（特に推理小説） しょうせつ　とく　すいりしょうせつ	話がどのように進んでいくのか、予測しながら読む。 すす　　　　　よそく
小説や新聞 しょうせつ	わからないことばは、前後の文脈から推測して、自分のわかる ぶんみゃく　すいそく ことばに置き換えて読む。 お　か
論文や専門書 ろんぶん　せんもんしょ	辞書を引きながらていねいに読む。 じしょ
レポートや論文 ろんぶん	下線を引いたりマーカーで色をつけたりしながら読む。
論文 ろんぶん	要旨や結論部分を始めに読んで、だいたい内容がわかってから、 ようし　けつろん　　　　　　　　　　　　ないよう じっくり読む。
説明書やマニュアル せつめいしょ	実際に手を動かしたり機器や道具を使ったりしながら読む。 じっさい　　　　　　　きき　どうぐ

■【質問2】（略）
りゃく

■【質問3】（略）
りゃく

52

1-2.「読み」の過程 － 3つのモデル －

整理しましょう

■【質問4】（解答例・解説）

> ### グループ A
>
> (2) 文法や文型の使い方や意味を確認しながら読む。
> (5) 接続詞や指示詞に注目して、文と文の関係を確認しながら読む。
> (6) 新しいことばやむずかしいことばの意味を調べながら読む。

> ### グループ B
>
> (1) 大切なことばや文を探しながら速く読む。
> (3) タイトルや見出しから内容を予測してから読む。
> (4) 図や表、写真などから内容を想像して読む。
> (7) 自分が知りたい情報を速く探しながら読む。

　この質問は、次に「トップダウン・モデル」「ボトムアップ・モデル」という2つの「読みのモデル」を説明するための導入として、いろいろな読み方にどのような共通点があるか、どのように分類できるかを考えてみる問題です。

　項目は必ずしもきれいに2つのグループにわけられるとは限りません。たとえば、(5)の項目の中にある「接続詞や指示語への注目」も、単文と単文の関係を理解するためではなく、段落間の関係、つまり、文章構成に着目して内容理解につなげる場合は、グループBに分類できるでしょう。みなさんが(8)〜(11)に新しくあげた読み方の中にも、どちらのグループにも入れられると思うものが含まれているかもしれません。

　どのような共通点に注目して多様な「読み方」をグループわけしたか、「読みのモデル」を考えるための出発点として、話し合ってみましょう。

■【質問5】（解答）
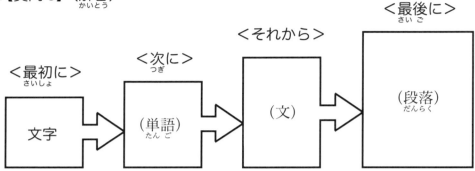

■【質問6】（解答）
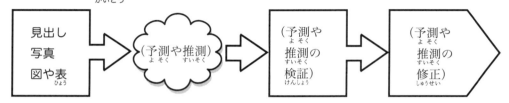

■【質問7】（略）
りゃく

1-3. 「読み」のスキーマ

 やってみましょう

■【質問8】（解答例）
かいとうれい

A　(1) 働き者、会社人間、まじめな人、寂しい人、つまらない人……
　　　はたら　　　　　　　　　　　　　　　さび

　　(2) 時間、暇、趣味、友だち……
　　　　　ひま　しゅみ

　　(3) 友だちを作ってください、何か趣味になることを始めてください、
　　　　　　　　　　　　　　しゅみ

　　　　ペットを飼ってください……
　　　　　　　か

B　(1) 一人のどろぼう、二人か三人組のどろぼう……
　　　ひとり　　　　　　ふたり　さんにんぐみ

　　　　銃やナイフを持っているどろぼう、何も持っていないどろぼう……
　　　じゅう

　　　　30才ぐらい、50才ぐらい、……

　　　　やさしい、お人よし、まちがえて自分の親の家に入った、……

　　(2) お金持ち、大きな家に住んでいる人、家族が少ない人、勇気のある人、
　　　　　　　　　　　　　　　　　　　　　　　　　　　　ゆうき

　　　　不眠症の人、……
　　　　ふ みんしょう

(3) 大邸宅、二階建ての家、洋風の家、あまり大きくない家……

(4) 金庫に大金がある、あまりお金はない……

(5) 戦う、どろぼうが逃げ出す、主人が警察に連絡する、主人が家の人を起こしていっしょに戦う、どろぼうが外にいる仲間を呼んで戦う、話し合う……

 考えましょう

■【質問9】（略・ヒント参照）

1-4.「読み」で使うストラテジー

 整理しましょう

■【質問10】（解答・解説）

①	②
トップダウンモデルの読み方で使うストラテジー (2) 必要な情報だけを速く探す。 (3) ざっと読んで全体の大意をつかむ。 (4) 予測しながら読み進む。 (6) 大切なことばや文を見つけて、ほかのところは読み飛ばす。	ボトムアップモデルの読み方で使うストラテジー (1) 新しいことばを確認する。 (5) 接続詞や指示語に注目して、文と文の関係をていねいに考えながら読む。 (7) 細かい内容を、表や図に整理していく。

1-2. で見た3つの読解モデルをもう一度思い出して、考えてください。

ここでは、私たちが使っているストラテジーを大きく分類してみました。実際の読みでは、どちらかの読み方を中心的に行っていても、もう一方の読みで使うストラテジーを使うこともあります。また、取り組み方が少し変わるだけで、どちらの読みでも似たようなストラテジーを使うこともあります。たとえば、「表や図に整理する」場合でも、細かく情報を整理していく必要があるときは、ボトムアップの読み方で使うストラテジーを用いますが、ポイントやキーワードだけを拾うなら、トップダウンの読み方で使うストラテジーが必要です。

2 読み方を育てる「読み」の活動

2-1. トップダウンの読み

(1) 予測の力を養う活動

 やってみましょう

■《例題１》（後半の文章）

> A
>
> 　きれいな娘が入っていて、
> 「山のおにばばに、ここのよめになれといわれた。」
> と、いうのです。むすこは、娘をおよめさんにしました。
> 　およめさんは、長者の娘でした。話を聞いた長者も、
> やさしいむすこがすきになって、たくさんのお金をわたしました。
> 　あのおにばばは、ほんとうは山の神さまだったのです。
>
> 『一日一話・読み聞かせ おはなし366　後巻』千葉幹夫「山の神がくれたおよめさん」（小学館）を利用

> B
>
> 　「佐藤さん、いったい、どうなさったんですか。うちのスープがどんな
> 味か、私は、飲まなくてもわかりますが」
> 　「いいから、何も言わないで、早く飲んでみてくれないか」
> 　その店の主人も出てきた。
> 　「早く飲んでみなさい」
> 　「そうですか、わかりました。飲みますよ。飲めばいいんですね」
> 　「ああ」
> 　「じゃあ、飲みます。あれ、スプーンはどこですか」
> 　「わかったかね」
> 　そう佐藤さんは言ったのである。
>
> 植松黎『ポケット・ジョーク９　トラベル』（角川書店）を利用
>
> 『日本語を楽しく読む本・中級』（凡人社）を利用

考えましょう

■【質問 11】（解説）

　まず、後半がないために、それを「予測」しよう、という気持ちが生まれます。その
ために、最初に読む文章の話の流れを頭の中に入れながら読もうとしたでしょう。そして、
文章の内容やスキーマを使いながら、後半を予測したと思います。
　後半が渡されたら、自分の予測が合っていたかどうか、確かめたいと考えます。です
から、とにかく早く結論を知るための読み方をしたでしょう。わからないことばを調べ
たり、文字や文法を理解したりするために時間をかけないで、いつもより早く最後まで
読んだのではないでしょうか。

■【質問 12】（解説）

　話の続きを予測させたり、その予測をまわりの人たちと話し合ったりすることがおも
しろい、と思うような文章を探しましょう。続きの文章があまりむずかしいと、「早く読
みたい」という気持ちをさまたげます。
　日常生活では、小説や物語を読むとき、特に予測や推測の力を使っています。事実を
順番に説明しているような文章より、読みながら、続きについていろいろな予測ができ
る文章がいいでしょう。

(2) スキミングの技術を養う活動

やってみましょう

■《例題２》（解答）

　　（　　b　　）→（　　e　　）→（　　c　　）→（　　d　　）→（　　a　　）

■《例題３》（解答）

……（略）リオデジャネイロです。

にぎやかな　町です。リオデジャネイロの　カーニバルは　ゆう名です。

　ぼくたちは　ブラジルの　うたを　うたいました。~~かんじの~~

~~べんきょうは　むずかしいです。~~

　それから　にわで　としおくんと　いろいろな　花火を　しました。

とても　きれいでした。たたみの　へやに　よっつ　ふとんを

しきました。はじめて　かぞくと　いっしょに　ねました。

~~友だちに　あいました。~~

　つぎの　あさ、はやく　おきました。そして　さとうさんの

かぞくと　ディズニーランドへ　いきました。人が　いっぱい

いました。びっくりしました。ミッキーマウスの　ショーを　見ました。

　ミッキーマウスと　いっしょに　しゃしんを　とりました。そして

あく手を　しました。~~こうえんで　おべんとうを　たべました。~~

ミッキーマウスの　手は（以下略）

ひょうご日本語教師連絡会議・子どもの日本語研究会

『外国人の子どものための日本語　こどものにほんご１』（スリーエーネットワーク）を利用

 考えましょう

■【質問13】（解説）

　１つ１つの文は、ことばも文法も正しいです。この問題を解くためには、頭の中に、話の流れを入れていかなければなりません。ルイス君が、どこで何をしたのか、思い浮かべながら読み進みます。彼の行動を追うことができたら、流れに合わない文を見たとき、すぐに「変だな。」と思うことができるでしょう。少しわからないことばや文法があっても、止まらずに全体を早く読んだほうが、合わない文を見つけやすくなります。

　このような練習では、学習者にとってむずかしいことばや文法が多く入っている文章ではなく、話の流れを頭の中に入れながら読んでいけるレベルの文章を使う必要があります。内容は、ある程度のストーリー性があり、話が前後したり広がりすぎたりしないようなものが望ましいでしょう。

(3) スキャニングの技術を養う活動
ぎじゅつ やしな かつどう

 やってみましょう

■《例題４》（解答）
れいだい　かいとう

犬の生活
いぬ　せいかつ

　わたしはトモです。サントスさんのうちにいます。わたしは⟨毎朝⟩奥さん
　　　　　　　　　　　　　　　　　　　　　　　　　　　まいあさ　おく
と散歩に行きます。８時ごろテレサちゃんと学校へ行きます。それから、
　さんぽ　い　　　じ　　　　　　　　　　　　　がっこう　い
うちへ帰ります。そして、奥さんと買い物に行きます。⟨午後⟩学校へテレ
　　　かえ　　　　　　　おく　　　か　もの　い　　　　ごご　　がっこう
サちゃんを迎えに行きます。それからいっしょに公園へ遊びに行きます。
　　　　　むか　い　　　　　　　　　　　　　こうえん　あそ　い
　⟨週末⟩は、テレサちゃんの学校とサントスさんの会社は休みです。サント
　しゅうまつ　　　　　　　　　がっこう　　　　　　　かいしゃ　やす
スさんの家族は遠い所へ車で遊びに行きます。わたしもいっしょに行きま
　　　かぞく　とお　ところ　くるま　あそ　い　　　　　　　　　　い
す。とても疲れます。
　　　つか
　サントスさんのうちに⟨猫⟩もいます。⟨猫⟩は毎日何もしません。どこも行き
　　　　　　　　　　ねこ　　　　ねこ　まいにちなに
ません。わたしは朝から晩まで⟨忙しい⟩です。休みが全然ありません。わた
　　　　　　あさ　ばん　いそが　　　　やす　ぜんぜん
しは⟨猫⟩といっしょに休みたいです。
　ねこ　　　　　やす

『みんなの日本語初級Ⅰ』第13課（スリーエーネットワーク）を利用
　　　しょきゅう　だい　か　　　　　　　　　　　　りよう

■《例題５》（解答例）
れいだい　かいとうれい

(1) 一番安いコースはどれですか。
　　いちばんやす
(2) 出発地によって行程（行くところ）が少し違うコースはどれですか。
　　　　　　　こうてい　　　　　　　　ちが
(3) 食事がついていないコースはどれですか。
(4) ２階建てのバスで行くコースはどれですか。
　　　かいだ
(5) 川で船に乗れるコースはどれですか。
　　ふね
(6) 夕方４時ごろ、友だちと会う約束があります。
　　　　　　　　　　　　やくそく
　　その前に、どのコースなら参加できますか。
　　　　　　　　　　　さんか
(7) それぞれのコースは、次のところへ行きますか。
　　　　　　　　　　つぎ
　　行くところに○、行かないところに×をつけましょう。

	東京タワー	浅草 あさくさ	ＮＨＫ	お台場 だいば
東京半日 A				
みどころ東京 B				
東京一日 C				

 考えましょう

■【質問 14】（解説）
かいせつ

　日常生活の中で、母語で何かを読む時、どんなスキャニングをしているでしょうか。
にちじょうせいかつ
その経験を日本語に置きかえて、考えてみましょう。何か、必要な情報を取るために、
けいけん　　　　　　　　　　　　　　　　　　　　　　　　　　　ひつよう　じょうほう　と
その文字やことばなどを探すような材料を選びます。広告やパンフレット、雑誌のよう
　　　　　　　　　　さが　　　　　　ざいりょう　えら　　　こうこく　　　　　　　　　　ざっし
な資料のほかに、生活の中の文字資料を写真に撮って教材に利用することもできます。
しりょう　　　　　　　　　　　　　しりょう　　　と　　きょうざい　りよう
　しかし、初級や中級前半の学習者にとっては、そのような生の材料をそのまま使うと、
しょきゅう　ちゅうきゅう　　　　　　　　　　　　　　　　　　　　　　ざいりょう
文字が多すぎたり、情報がたくさんありすぎたりして、スキャニングをするのがとても
むずかしくなってしまうので、教師が少し調整して教材化できるといいでしょう。たと
　　　　　　　　　　　　　　　きょうし　　　ちょうせい　きょうざいか
えば、旅行のパンフレットを使うとき、本物をそのまま使うと、文が長かったり複雑な
　　　　　　　　　　　　　　　　　　　　　　　　　　　　　　　　　　　ふくざつ
漢字やことばがたくさん入っていたりして、見ただけで「むずかしい」と思ってしまう
学習者もいるかもしれません。中級前半の学習者だったら、一部分を切って並べたり、
　　　　　　　　　　　　　　　　　　　　　　　　　いちぶぶん　　　　なら
全然使わない情報を少し消したりするといいでしょう。初級の学習者だったら、さらに、
ぜんぜん　　　　　　　　　け
文字を大きく書き直したり、ルビをつけたりすることも必要でしょう。一方、上級の学
　　　　　　　なお　　　　　　　　　　　　　　　　　ひつよう　　　　　　じょうきゅう
習者には、そのまま使うことができるかもしれませんし、そのほうが喜ばれることも多
　　　　　　　　　　　　　　　　　　　　　　　　　　　　　よろこ
いでしょう。

 整理しましょう
せいり

■【質問 15】（解説）
かいせつ

　まず、学習者の日本語のレベルを考える必要があります。トップダウンの読み方を取
　　　　　　　　　　　　　　　　　　ひつよう　　　　　　　　　　　　　　　　　　と
り入れるときは、学習者の力より少しやさしいものから始めるほうがいいでしょう。そ
して、話題や内容は、学習者の年齢や興味に合わせます。12 〜 14 ページで取り上げたよ
　　　　　　ないよう　　　　　　ねんれい　きょうみ
うな予測の練習をするときは、みなさんの教えている学習者にとって、Aの文章とBの
　　よそく　れんしゅう　　　　　　　　　　　　　　　　　　　　　　　　　　　ぶんしょう

文章のどちらが適しているでしょうか。どちらも適していなかったら、どのような文章がいいでしょうか。実際に使えそうな文章を探してみましょう。

　また、たとえば広告を使ってスキャニングの練習をするときも、どんな品物の広告がいいか、学習者に合わせて考えてください。スーパーのチラシに興味がある学習者もいるかもしれませんが、ハンバーガーショップのチラシのほうがいい学習者もいるでしょう。電気製品のチラシを使ったほうがおもしろいと思う学習者もいます。方法が同じでも、材料を変えて、学習者に合わせた授業をすることができます。

2-2. ボトムアップの読み

(1) 複雑な構造の文の意味を理解するための活動

 考えましょう

▌【質問16】（解答例）

A　例）・お菓子を作ったのは、だれですか。

　　　　・お菓子をもらったのは、だれですか。

　　　　・お菓子を食べたのは、だれですか。

　　　　・作り方を聞いたのは、だれですか。

B　　　・ホームステイ・プログラムに参加したのはだれですか。

　　　　・不満を言うのはだれですか。

　　　　・どんな不満を言いますか。

　　　　・「聞いた」のはだれですか。

　　　　・だれの話を「聞いた」のですか。

　　　　・どんな話ですか。

(2) 内容の理解を確認するための活動

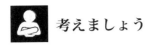 考えましょう

■【質問17】（解答例・解説）

① （×）おばあちゃんは僕の家族といっしょに住んでいます。

② （×）おばあちゃんは足の調子が悪いとき、病院へ行きます。

③ （×）おばあちゃんは僕に日本の古い歌を歌ってくれます。

④ （○）僕はおばあちゃんが好きです。

着目点：

① 最初の2文。日本語では主語が省略されるという言語知識が必要です。この場合、2文目の主語が省略されています。「一人で」の意味を理解している必要もあります。

② 5番目の文。「よくない」が「悪い」、「出かけません」が「行かない」と同じ意味であることを理解している必要があります。

③ 6番目の文。「～てあげる」「～てくれる」の文では、動作をしている人がだれか、理解できなければなりません。

④ 全体を読み、解釈することが必要です。「僕」はおばあちゃんの日常の行動を知っています。歌を歌ってあげたり、お菓子を作ってもらったりというコミュニケーションがあります。おばあちゃんが来るとにぎやかになるという肯定的な説明も書かれています。以上のことから好きだと解釈できます。

　正誤問題は、問題への取り組ませ方によって、ボトムアップの読み方が中心になる場合とトップダウンの読み方が中心になる場合があります。たとえば、あとで正誤問題に答えることがわかっていて、先に本文を読むときは、かなりボトムアップの読み方をすることになるでしょう。反対に、先に正誤を答える文を読んでおいて、それに答えるために本文から該当個所を探すような読み方をすると、トップダウンの読み方になります。ただし、その場合も、最終的に正誤の確認をするときは、部分的にはボトムアップの読み方を使わなければならないでしょう。

■【質問18】（解答例）

（×）どんなゴミも出す場所は同じだ。

（○）ゴミは、集める日の朝に出さなければならない。

（○）ゴミを集める車は朝8時ごろ来る。

（○）食べ物のゴミは毎週2回集める。

（○）燃えるゴミと食べ物のゴミは同じ日に出す。

（×）プラスチックのゴミも食べ物のゴミと同じ日に出す。

（×）ゴミは黒い袋に入れて出す。

（×）新聞は毎週火曜日に出す。

（○）ビン、缶、ペットボトルは2週間に1回集める。

（×）ビデオテープは2週間に1回集める。

▌【質問19】（解答例）

【質問18】の文章を使った場合の設問例

・内容について、細かい質問に答える。

　　　例）・ゴミはいつ出しますか。

　　　　　・ゴミを集める車はいつ来ますか。

・何曜日にどのようなゴミを集めるか表にまとめる。

【質問18】以外の文章で考えられる設問例

・指示詞（こそあど）が指しているものを探す。

・文法や文の構造を理解する。

・文と文、段落と段落の関係を考える。

・一般的なことを述べている文と具体的なことを述べている文をわける。

・事実の文と意見の文をわける。

▌【質問20】（略）

3 「読む」授業の計画 ①

3-1. 日常の「読み」と同じような状況を作る

 ふり返りましょう

■【質問 21】（略）

■【質問 22】（解説）

① 日常生活で何かを読むとき、【質問 21】で答えたようなことをしているでしょうか。
日常生活で何かを読む「目的」と、授業で何かを読む「目的」はどう違うでしょうか。
今までの読む活動は、ことばや文法の知識を得るための活動が多かったのではありません。授業で行っている活動が、いつもことばや文法に重点を置いた活動ばかりになってしまうと、学習者は、本当に「読む」力が育っているかどうか、自覚することができません。

② 外国語の学習で、一生懸命、読解の問題集を勉強しても、テストで初めて見る文章がよくわからないと思ったことはありませんか。「中級」の読解の教科書を一冊勉強しても、ほかの同じようなレベルのテキストが読めないと思ったことはありませんか。読む勉強の中には、もちろん、文字や語彙、文法の知識を得て、それを覚えるという目的もあります。しかし、いろいろな文章が読めるようになるためには、知らないことばやわからない部分があっても、「だいたいわかる」「情報が取れる」経験を重ねることも役に立ちます。そのためには、いろいろなストラテジーを使った活動を行うことが必要です。

 考えましょう

■【質問 23】（解説）

日常生活では、突然、文章が目の前に出されて読まなければならなかったり、読みたくない気分のときに読みたくない文章を読まされたり、というようなことはありません。何かの理由で、読みたい文章を読む場合が多いでしょう。また、いい文章やおもしろい

文章を読んだら、ほかの人に、その話をしたくなります。役に立つ文章を読んだら、その知識を使ってみることもあります。

　授業の中にも、できるだけ、学習者に同じような気持ちになってもらうための「しかけ」があると、読むことが楽しくなったり読む力が伸びたりします。学習者が「読みたい」という気持ちを起こしてから読み始めたり、読んでからそれを心の中だけにしまわないで、何かの方法で外に出していくような授業を組み立てましょう。

■【質問24】（解答例）

A『日本語を楽しく読む本・中級』（凡人社）8課「握手」

読む前：

- ・手の部分や時代に関することば、漢字を勉強する。
- ・自分が握手する場合について考えたり話し合ったりする。
- ・絵に描かれた人が何をしているか予測する。

読んだ後：

- ・内容の確認をする。
- ・握手に関するいろいろな質問について、自分の知識や想像力を使って考える。

B『日本語中級 J301—基礎から中級へ』（スリーエーネットワーク）7課「あのときはどうも」

読む前：

- ・二人のサラリーマンの会話を2種類聞く。

読んだ後：

- ・お礼のことばを書き出す。
- ・お礼のことばを使った時のことを話し合う。
- ・お礼のことばを使って、会話をする。

3-2. 前作業と後作業

 考えましょう

■【質問 25】（解答例）

A　着物

前作業：

　＊着物の写真を見せ、次のような質問をする。

　　・何の写真か。

　　・着物についてどんなことを知っているか。

　＊着物を着ていたころの日本人の生活を描いた絵／写真を見せ、以下のような質問
　　をする。

　　・写真を見てわかることは何か。

後作業：

　＊自国や地域の伝統的な衣装について、日本人に紹介する文書やポスターを作る。

　　→　写真や絵の活用、名称、着方、どのようなときに着るか、などの情報を書く。

　＊日本の結婚式、葬式、成人式、正月に着る着物について調べて、発表する。

　　→　写真などの視覚情報、どのような着物を着るのかについての情報、などを調
　　　べる。

　＊言語表現の強化：次のことばの使い方についての練習をする。

　　・〜の（名詞句）

　　・〜し、〜ので（理由）

B　上野動物園

前作業：

　＊自国の動物園、美術館、図書館などの公共施設の開園／開館時間が提示してある
　　案内板を見せ、ここにはどんな情報があるかをたずねる。

　＊動物園や美術館に行こうと思っているが、行く前にどんな情報が必要かをたずね
　　る。

　＊言語表現のインプット：時間の言い方、語彙（両生爬虫類、小獣、など）

66

後作業：

＊自国の動物園、美術館、図書館などの公共施設の開園／開館時間を書いた案内板
を作る。

C 「おこのみやき」の作り方！

前作業：

＊日本のいろいろな料理の写真を見せ、名前や知っていることをたずねる。

＊料理をしている様子や使っている器具などの写真やイラストを見せ、ことばを勉
強する。

後作業：

＊おこのみやきを実際に作ってみる。

＊自分の国の料理について、簡単なレシピを作って説明する。

D　色のイメージ

前作業：

＊折り紙やクレヨンを見せて、好きな色を選ばせ、理由を言わせる。

＊同じ物で色の違う物を並べた絵パネルを準備し、感じたことを言わせる。

＊友だちを色で表したり、イメージを言い合ったりする。

＊簡単な絵を書かせたり、服のイラストを使ったりして、色をぬらせ、その色を選
んだ理由を聞く。

＊たとえば、「赤」と「青」のものをいろいろ見せて、イメージをまとめる。

後作業：

＊同級生や知人に対してジュースの実験を実際にやってみる。

＊好きな色の調査をやってみる。

＊色の性格判断テストをやる。

＊友だちと、カラーリングをし合う。（カラーリング：友だちに合う色を見つける。）

＊生活の中にある色の効果について調べて発表させる。

■【質問26】（略・ヒント参照）

■【質問27】（略）

❹ 「読む」授業の計画 ②

4-1. 初級の「読み」：目的に合った本作業

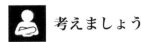 考えましょう

■【質問 28】（解答・解説）

A 田中さんの研究室

（Aの設問の答え：窓の前には<u>小さい</u>鉢植えがあります。机は部屋の<u>左側</u>にあります。部屋の手前には<u>小さい</u>ソファがあります。ソファの上にも<u>本が</u>たくさんあります。）

この文章の理解のためには、「〜の横」「〜の近く」など、位置を表す語彙知識が必要です。読むときに、その知識を使えるようになる力を養っています。文章全体の流れを理解するというより、文を一つ一つ、絵と照らし合わせることができれば答えられます。

⇒ボトムアップの読み方を多く使っていると言えます。

B わたしの町

（Bの設問の答え：4→7→3→5→8→1→2→6、③）

文を並べかえるときには、接続詞や単語の重なりに注目してボトムアップ処理を行う必要がありますが、同時に、スキーマを使ったり、並べかえながら文の流れを確認していくストラテジーも使っています。

⇒ボトムアップの読み方とトップダウンの読み方の両方を使うと早く答えることができます。この例題のように初級レベルのかなり単純な文の並べかえではボトムアップの読み方を多く使いますが、数文のまとまりや段落の並べかえでは、トップダウンの読み方が重要になってくるでしょう。どちらか一方の読み方が不得意な場合、自然にもう一方の読み方で理解しようとします。

C 絵葉書

（Cの設問の答え：C＝（イ）、D＝（ア））

読めない部分を推測する力や、どのようなことが書かれているか予測する力を養っています。日記を読んで、全体の内容を把握する力も必要です。さらに、日記と手紙の対応する部分について、ていねいにことばの意味を確認しながら理解する力がつきます。

⇒まず、トップダウンの読み方で読んでいくほうが、早く解答できるでしょう。解答を正しく出すためには、ボトムアップの読み方も必要になります。

【質問29】（解説）

A　着物

昔はよく着られていた着物が現在ではあまり着られなくなったことが書かれた文章なので、その理由を読み取ることが重要です。

＊学習者に答えさせる質問として、次のようなものが考えられます。

・現在の日本人はどんなときに着物を着ますか。

・現在の日本人が着物をあまり着ないのはなぜですか。

＊内容理解の確認のために、以下のような正誤問題を作ることもできます。

正誤問題例：

（×）日本では昔も今も洋服を着ている。

（○）着物を着るのはむずかしい。

（×）着物は仕事をするときに便利だ。

（○）現在、着物を着るのは、特別の機会だけである。

B　上野動物園

動物園に行く目的は中に入って動物を見ることなので、開園時間、入園券が買える時間などの情報と、見たい動物がいる場所がわかることが必要です。スキャニングの技術を使います。

質問例：

(1) 動物園は何時に始まりますか。

(2) 午後4時半に入園券が買えますか。

(3) どこに行ったらへびが見られますか。

C　「おこのみやき」の作り方！

このような文章を読む目的は、読むことで得た知識を実生活に生かすことです。ここでは、おこのみやきの作り方を覚えて、自分でも作れるようになるために読みます。そのためには、ことばの理解と、動作の流れの把握が必要です。動作の流れを把握するための読む活動には、以下のようなものが考えらます。

・文をばらばらにして、学習者が作り方をイメージしながら、正しい順番に並べかえる。

・おこのみやきの作り方を示した絵、写真、ビデオを用意して、それを見ながら、または見てから、文を正しい順番に並べかえる。

・文を表す絵を用意して、文の順番どおりに、絵を並べかえる。

■【質問 30】（略・ヒント参照）

4-2. 中級の「読み」: 段階を追って行う本作業

 考えましょう

■【質問 31】（解答例）

* （タイトルを見せないで）

・この文章にどんなタイトルをつけますか。

・この文章のタイトルとして、どれが一番いいと思いますか。

　　a. 実感　b. 高速化　c. 能率化　d. 生活の変化

* （タイトルをつけて）

・キーワードを 5 つ選びましょう。

　　（解答案　実感、高速化、安全や能率の追及、生活の変化、など）

・この文章で筆者が一番言いたいことを表す文はどれですか。

■【質問 32】（解答例）

・生活の変化にともなって実感が失われてきた例として、筆者はどんな例をあげていますか。

　　（解答：旅行、料理、現金を使わなくなったこと）

・（　　　　）の中に本文のことばを入れなさい。

　　1. 新幹線や飛行機は速いが、（　　　　）の実感がうすくなった。

　　2. 電子レンジで料理が速くなったが、（　　　　　　）ひまがなくなった。

　　3. 銀行振り込みになって、（　　　　　　）ことが少なくなった。

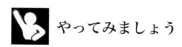 やってみましょう

■《例題》（解答）
れいだい　　かいとう

	私たちが求めたこと もと	その結果、なくなったこと けっか
飛行機 ひこうき 新幹線 しんかんせん	（速さ） はや	次第に（目的地に近づいていく興奮） しだい　もくてきち　　　　　　こうふん
料理	（高速化） こうそくか	味見、台所から流れてくるにおいに あじみ　だいどころ　　なが わくわくすること
（月給・ げっきゅう ボーナス）	安全で能率がいい あんぜん　のうりつ	（現金を手にすること） げんきん

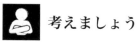 考えましょう

■【質問33】（略・ヒント参照）
りゃく　　　さんしょう

■【質問34】（解答）
かいとう

① 飛行機の旅行
ひこうき

② 実感があまりない。
じっかん
次第に目的地に近づいていく興奮を感じるということが少ない。
しだい　もくてきち　　　　　　こうふん　かん

③ ボーナスは月給より多いから。
げっきゅう

④ ボーナスの出た日、いつもより厚い封筒をしっかり握って家へ急ぐ風景。
あつ　ふうとう　　　　にぎ

内容理解の質問・・・②、③　　　ことばの練習の質問・・・①、④
ないようりかい　　　　　　　　　　　れんしゅう

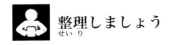
整理しましょう

■【質問 35】（解説）

　【質問 31】の問題は、学習者にトップダウンの読み方をうながします。【質問 32】や
《例題》の問題は、たずねることが、どのくらい大きいか、細かいかによって、トップダ
ウンの読みに使うストラテジーを使ったり、ボトムアップの読みに使うストラテジーを
使ったりします。たとえば、大まかな質問に対しては、スキャニングをしながら読めば、
早く答えることができます。【質問 34】のような問題では、ボトムアップの読み方や、そ
の時に使うストラテジーを練習させることができます。さまざまなストラテジーを使っ
て、両方の読み方を行うように質問を組み立てないと、どちらか一方の読み方しかでき
ない学習者になります。

5 ほかの技能と合わせた「読み」の活動

5-1. 音読

 考えましょう

▌【質問36】（解答例）

いい点：

- ・日本語を発話する勇気ができ、話す力の向上につながる。
- ・耳から音を入れて学ぶことができる。
- ・音声、文字、意味を一体化して理解することができるようになる。
- ・文頭から順々に理解していこうとする力を身につけることができる。

悪い点：

- ・発音することに集中すると、意味の理解ができなくなる可能性がある。
- ・黙読に比べて、読むスピードが遅くなる。
- ・一語一語に気を取られるので、特にトップダウンの読み方を育てることには向かない。

 やってみましょう

▌《例題1》（略・ヒント参照）

▌《例題2》（略）

 考えましょう

▌【質問37】（解説）

　このような練習は、きれいに読めることを目標にするものではありません。それから、正確に記憶してまちがえないで発話することも目標にしていません。意味をつかむ練習に重点が置かれます。上手に読めていても、外からは読んでいる人が本当に内容を理解

しているかどうかはわかりません。しかし、活動をしている本人は、文を口に出そうとしたとき、自分が内容を理解しているかどうかわかります。さらに、相手が理解しやすいように言うためには、自分が文を理解して伝えることが必要です。

　一方、聞く人も、相手の発話を初めから文に沿って理解していくように気をつけなければなりません。もう一度読み直したり聞き直したりできないので、相手の発話の内容をできるだけ同時に頭に入れていく必要があります。それができると、話の流れを把握することができ、次の自分の発話が楽になり、その次の相手の発話も理解しやすくなります。このような練習をペアで行うことで、文章の内容を頭の中に重ねていく必要が生まれ、あらすじを理解していく力を養うことができます。

　「読み」の力を養うということは、これまで述べてきたように、多様な読み方ができるようになるということです。音読を授業に取り入れる効果も、その1つと考えることができます。

 やってみましょう

■《例題３》（略）

5-2. 要約

 やってみましょう

■《例題４》（解答例）

《要約を作る練習段階１》

　今の日本の　お年寄り　が、　長生き　である１つの理由は、小さいころから続けてきた　伝統的な　食事です。

　しかし、最近、日本の食生活は大きく変わってきました。たとえば、いろいろな　レストラン　で世界中の味が楽しめるようになりました。また、24時間営業の店もできて、　忙しい人　にとっても便利になりました。

《要約を作る練習段階2》

　その一方で、（家庭や伝統の味を忘れたり、簡単な料理が作れなくなるなどの問題も
あります）。また、（生活習慣病にかかる子どもも増えました）。その原因は、（食事の
栄養のバランスが悪いことや、お菓子、健康によくないインスタント食品やファース
トフードを多く食べるようになったからです）。運動不足の子どもが増えたためでもあ
ります。

　このように日本人の食生活は（便利になった反面、問題もあります）。もう一度、見
直す必要があるでしょう。

《要約を作る練習段階3》

第1段落

日本のお年寄りが長生きである理由の1つは、伝統的な食事をしてきたことです。

第3段落

一方で、むかしからの味を忘れたり、簡単な料理が作れなくなったり、生活習慣病に
かかる子どもが増えたりする問題も出てきました。

《要約を作る練習段階4》

日本のお年寄りは伝統的な食事をしてきたので、長生きです。しかし、現在の日本人
の食生活は変化してきました。便利になった反面、いろいろな問題もあり、生活習慣
病にかかる子どもも増えてきました。このような悪い影響も考えて、これから食生活
を見直していく必要があるでしょう。

 考えましょう

■【質問38】（略）

■【質問39】（解説）

　特に、中級から上級へ進んでいく学習者や、日本の大学に留学したい、日本の文献で
研究したい、と思っている学習者にとって、長い文章を要約して理解することは、とて
も大切です。それぞれの部分（たとえば段落）を読むためには、まず、トップダウンの
ストラテジーが必要になるでしょう。知らない語彙や文法項目が多すぎて段落ごとの大
意がつかめない場合は、ボトムアップの読み方に変えて、ていねいに読まなければなら

ない部分もあるかもしれません。そして、段落と段落の関係や、全体の構成を把握するためには、ボトムアップ処理を行って分析することが必要な場合もあるし、トップダウンの読みを積極的に行うことが必要な場合もあるでしょう。要約を書き始めたら、本文中のことばを積極的に使うことが望ましいのですが、一文をそのまま写そうという気持ちは捨てなければなりません。自分で読んだ内容を、一度、自分のことばで文にしてみて、それが本文と遠く離れたものになっていないか、いつのまにか、自分の意見を入れてしまった文になっていないか、確認しながら書いていきましょう。

【参考文献】

伊藤博子 (1991)「読解能力の養成 —学習ストラテジーを利用した指導例—」『世界の日本語教育』1号 145-160　国際交流基金日本語国際センター

内田伸子 (1995)「談話過程」大津由紀雄編『認知心理学』3巻　東京大学出版会

大喜多喜夫 (2004)『英語教員のための授業活動とその分析』昭和堂

尾崎明人 (1992)「読解授業と教室の学習ネットワーク」"*The Language Teacher*" Vol.16. no.7 25-27

大村彰道・秋田喜代美・久野雅樹 (2001)『文章理解の心理学 —認知、発達、教育の広がりの中で—』北大路書房

岡崎眸 (1996)「読み方の指導 —ボトムアップ的読み方から相互交流的読み方へ—」『お茶の水女子大学人文科学紀要』49号 205-218　お茶の水女子大学

岡崎眸・岡崎敏雄 (2001)『日本語教育における学習の分析とデザイン —言語習得過程の視点から見た日本語教育—』凡人社

門田修平・野呂忠司 (2001)『英語リーディングの認知メカニズム』くろしお出版

金谷憲、谷口幸夫編 (1993-1995)『英語授業のアイデア集　英語教師の四十八手』研究社

川﨑惠里子 (1994)「文章理解のプロセスに及ぼす知識の効果」『教育心理学研究』第42巻第4号、395-402

菊地民子 (1997)「日本語の読解におけるテキスト構造の影響と読解前指導の効果」『日本語教育』95号 25-36　日本語教育学会

小出慶一 (1991)「読解能力の操作的規定と読解テスト・シラバスの骨格について」『産能短期大学紀要』24号 181-193

——— (1993)『日本語を学ぶ人たちのための日本語を楽しく読む本・中上級』凡人社

——— (1996)『日本語を学ぶ人たちのための日本語を楽しく読む本・初中級』凡人社

——— (1992)「クローズ・テストの得点とテキストの難易判定」"*The Language Teacher*" Vol.16. no.6 11-13

佐伯胖編 (1982)『認知心理学講座：第3巻　推論と理解』東京大学出版会

杉山ますよ他 (1997)「読解における日本語母語話者・日本語学習者の予測能力」『日本語教育』92号 36-47 日本語教育学会

鈴木美加 (1998)「初級後半の学習者は文章をどう読むのか —アイカメラによる文章読解中の眼球運動の記録』『東京外国語大学留学生日本語教育センター論集』第24号

舘岡洋子 (1996)「文章構造の違いが読解に及ぼす影響 —英語母語話者による日本語評論文の読解」『日本語教育』88号 74-90　日本語教育学会

——— (2005)『ひとりで読むことからピア・リーディングへ　日本語学習者の読解過程と対話的協働学習』東海大学出版会

谷口すみ子 (1991)「思考過程を出し合う読解授業」『日本語教育』75号 37-50　日本語教育学会

——— (1992)「日本語学習者の読解過程分析」"*The Language Teacher*" Vol.16. no.5 31-33

平高史也 (1992)「読解行動から考えるシラバス：学部留学生に対して」"*The Language Teacher*" 21-23

保坂敏子 (1991)「日本語の読解過程に対する学習者の意識について」

『日本語と日本語教育』20 号 33-48　慶應義塾大学日本語・日本文化教育センター

産能短期大学日本語教育研究室編 (1991)『日本語を学ぶ人たちのための日本語を楽しく読む本・中級』凡人社

三浦昭監修・岡まゆみ著 (1998)『中・上級者のための速読の日本語』The Japan Times

南之園博美 (1997)「読解ストラテジーの使用と読解力との関係に関する調査研究」『世界の日本語教育』7 号 31-44　国際交流基金日本語国際センター

宮崎里司　J・V・ネウストプニー共編 (1999)『日本語教育と日本語学習　学習ストラテジー論にむけて』くろしお出版

森敏昭・井上毅・松井孝雄 (1995)『グラフィック認知心理学』サイエンス社

森雅子 (2000)「母国語および外国語としての日本語テキストの読解 ―Think-aloud 法による 3 つのケース・スタディー」『世界の日本語教育』第 10 号 57-72　国際交流基金日本語国際センター

山田みな子 (1996)「読解過程に見られる既有知識の影響と文法能力の関係について」『日本語教育』86 号 26-38 日本語教育学会

渡辺由美 (1998)「物語文の読解過程」『日本語教育』97 号 25-36　日本語教育学会

J・C・リチャーズ、チャールズ・ロックハート著　新里眞男訳 (2000)『英語教育のアクション・リサーチ』研究者出版

J・T・ブルーアー著、松田文子、森敏昭監訳 (1997)『授業が変わる ―認知心理学と教育実践が手を結ぶとき』北大路書房

J・V・ネウストプニー・宮崎里司 (2002)『言語研究の方法』くろしお出版

【執筆者】

阿部洋子 (あべ　ようこ)　　　国際交流基金日本語国際センター専任講師
木谷直之 (きたに　なおゆき)　　国際交流基金ジャカルタ日本文化センター専任講師主任
簗島史恵 (やなしま　ふみえ)　　国際交流基金日本語国際センター専任講師

◆教授法教材プロジェクトチーム

国際交流基金日本語国際センター専任講師

　久保田美子 （チームリーダー）

　阿部洋子／木田真理／中村雅子／長坂水晶／三原龍志／簗島史恵

元国際交流基金日本語国際センター専任講師

　木谷直之 （国際交流基金ジャカルタ日本文化センター専任講師主任）

　小玉安恵 （カリフォルニア大学バークレー校専任講師）

国際交流基金 日本語教授法シリーズ

第 7 巻 「読むことを教える」

発行	2006 年 6 月 22 日　　初版 1 刷
	2008 年 8 月 6 日　　　初版 2 刷
定価	700 円 + 税
著者	国際交流基金
発行者	松本 功
装丁	吉岡 透・成田英夫 (ae)
印刷・製本	三美印刷株式会社
発行所	株式会社ひつじ書房

〒 112-0011　東京都文京区 千石 2-1-2　大和ビル 2F

Tel : 03-5319-4916　Fax : 03-5319-4917

郵便振替　00120-8-142852

toiawase@hituzi.co.jp　http://www.hituzi.co.jp

造本には充分注意しておりますが、落丁・乱丁などがございましたら、

小社かお買い上げ書店にておとりかえいたします。

ご意見・ご感想など、小社までお寄せくだされば幸いです。

続々刊行予定！

■■■■■■ 国際交流基金 日本語教授法シリーズ ■■■■■■

【全 14 巻】
国際交流基金著
各 B5 判

第 1 巻「日本語教師の役割／コースデザイン」 定価 609 円
第 5 巻「聞くことを教える」〔CD-ROM 付〕 定価 1,050 円
第 6 巻「話すことを教える」 定価 840 円
第 7 巻「読むことを教える 」定価 735 円
第 14 巻「教材開発」 定価 840 円

━━━━━━━━━━━━━━ ★新　刊★ ━━━━━━━━━━━━━━

日本語教育スタンダード試案　語彙
山内博之 編　定価 1,050 円

学びのエクササイズ日本語文法
天野みどり 著　定価 1,260 円

ここからはじまる文章・談話
高崎みどり・立川和美 編　定価 2,100 円

ことばに魅せられて　対話篇
大津由紀雄 著　え・早乙女民　定価 1,680 円

これから研究を書くひとのためのガイドブック ─ライティング
の挑戦 15 週間
佐渡島紗織・吉野亜矢子 著　定価 2,100 円

国会会議録を使った日本語研究
松田謙次郎 編　定価 5,250 円